의대입시
바이블

의대입시 바이블

ⓒ 코알라랩(전진욱 · 김철 · 이기탁), 2024

초판 1쇄 발행 2024년 8월 20일

지은이   코알라랩(전진욱 · 김철 · 이기탁)
펴낸이   이기봉
편집   좋은땅 편집팀
펴낸곳   도서출판 좋은땅
주소   서울특별시 마포구 양화로12길 26 지월드빌딩 (서교동 395-7)
전화   02)374-8616~7
팩스   02)374-8614
이메일   gworldbook@naver.com
홈페이지   www.g-world.co.kr

ISBN   979-11-388-3257-1 (13370)

25학년도 최신 입시 반영

의대입시 바이블

의사의 꿈을 **현실**로 만드는 **완벽가이드**

코알라랩(전진욱 · 김철 · 이기탁) 지음

좋은땅

서문

의대 증원에 따른 지각변동과 같은 변화가 예상되는 2025년 의대 입시.

여러분께서는 올해 입시를 기회라고 생각하십니까? 얼마만큼 준비가 되어 있으신가요?

의과대학 진학을 준비하는 수험생들은 의대 입시는 단기 승부가 아니라 길고 험난한 여정과도 같음을 누구보다 잘 알고 있습니다. 하지만 최상위권 학생들의 치열한 경쟁 속에서 정밀하고 효과적인 전략을 수립하는 것 또한 무엇보다 중요합니다. 의대 입시에 대한 정보는 방대하고 복잡하여 수험생들이 명확한 방향을 설정하기가 쉽지 않습니다. 단편적이고 피상적인 정보에 의존하다 보면 막연한 기대와 불안감에 휩싸이기 쉽고, 결국 실패의 쓴맛을 보기도 합니다.

최근 의과대학 입시는 큰 변화의 시기를 맞이하고 있습니다. 정부의 의대 정원 확대 정책으로 인해 의대 입학의 문이 예년에 비해 넓어졌고, 이에 따라 새롭게 도전하는 수험생들도 많아질 것으로 예상됩니다. 하지만 의대 입시가 소수의 합격자를 가르는 최상위권 영역에서의 승부임에는 변화가 없습니다. 한 문제 차이로 합격이 좌우되는 상황에서 수험생들에게 가장 필요한 것은 정확하고 실질적인 입시 정보와 전략적인 접근법일 것입니다.

그동안 의대 입시를 준비하는 수험생들은 전반적이고 체계적인 입시 가이드북의 부재로 어려움을 겪어왔습니다. 특히 최근과 같이 입시 정책과 환경이 급변하는 시기에는 변화된 입시 지형에 걸맞은 새로운 전략과 정보가 필수적입니다. 이 책은 의대 입시 분야의 전문적이고 심층적인 분석을 바탕으로, 수험생들의 효과적인 입시 전략 수립을 돕기 위해 쓰였습니다.

필자들은 현재와 같이 의대 정원이 급격히 증가하는 시기에 수험생들이 가장 주목해야 할 전형으로 지역인재전형을 꼽았습니다. 이 책에서는 지역인재전형의 특징과 준비 방법, 지역인재를 전략적으로 공략하여 합격한 사례 등을 집중적으로 조명하고 있습니다. 또한 의대 입시에 새롭게 뛰어드는 직장인과 N수생을 위한 맞춤형 전략도 제시하고 있습니다. 의대 진학에 성공하기 위해 어떤 노력과 준비가 필요한지, 그리고 실제로 의대에 진학한 직장인과 N수생의 사례와 노하우는 무엇인지 살펴볼 수 있을 것입니다.

이 책은 수시와 정시 전형의 특징과 준비 방법, 서류평가와 면접에 대한 컨설팅, 학업역량 강화를 위한 학습 방안 등 실제 의대 합격생들의 노하우를 담아내고자 했으며, 의대 입시 성공을 위한 핵심 전략을 집중적으로 조명합니다. 특히 면접과 논술과 같이 많은 수험생들이 준비에 부담을 가지고 있는 분야도 대비할 수 있는 길을 안내할 것입니다.

1장에서는 의대 입시 전형에 대해 전형별 특징과 준비 전략을 살펴봅니다. 기본적인 사항이나 반드시 꼼꼼히 살펴보시기 바랍니다. 2장에서는 서울 소재 의대와 지방 의대의 특성을 비교하고 지역인재전형의 실태와 전망을 분석합니다.

3장에서는 의대 수시 입시에서 수험생이라면 누구나 궁금해하는 질문, 내 성적으로 어느 의대에 들어갈 수 있는지에 대한 답을 찾아봅니다. 변수가 많은 수시 입시의 경우는 대학별 증원 인원, 수능 최저학력기준 난이도, 전형별 비중 등을 종합적으로 분석해야 합니다. 수시 전형에서의 각 권역 내 대학별 특징과 작년 입시 결과 등을 토대로 올해 입시 합격선을 예측해봅니다. 4장에서는 의대 정시 합격을 위한 대학별 수능 점수를 예측합니다. 의대 정원 증원이 정시에 미치는 영향과, 의대 지원자들의 학교 선호도에 따른 합격선 배치, 실제 합격자 사례를 차례로 분석했습니다. 이를 통해 각 대학별 의대 정시 합격 커트라인을 제시하고, 대학별 특성을 고려한 구체적인 입시 전략을 제공합니다.

5장에서는 최근 의대 입시에서 주목 받는 N수생과 직장인 수험생들의 입시 전략과 입시를 준비하는 노하우를 살펴보았습니다. 6장에서는 최근 의대 입시에서 큰 비중을 차지하는 논술전형에 대비하기 위한 구체적인 학습 방법과 전략을 제시했습니다. 7장에서는 인성과 적성을 평가하는 다양한 유형의 면접을 분석하고, 실전에서 활용할 수 있는 방법을 제안하여 면접 준비에도 큰 도움이 될 것입니다.

이 책은 수험생 여러분이 개개인의 상황과 특성에 맞는 최적의 입시 설계가 가능하도록 구성되었습니다. 수험생들이 자신의 위치를 객관적으로 진단하고, 목표 대학에 입학할 수 있는 현실적인 가능성을 타진할 수 있을 것입니다.

이 책이 의대 진학이라는 꿈을 향한 여정에 든든한 길잡이가 되기를 기원합니다. 여러분의 도전을 응원하겠습니다.

목차

1장	의대 전형 이해하기	··· 009
2장	수도권 의대 vs 지방 의대	··· 043
3장	수시전형 입시결과 총정리	··· 069
4장	정시전형 입시결과 총정리	··· 101
5장	N수생&직장인의 의대입시	··· 133
6장	수리논술로 의대 가기	··· 147
7장	의대 면접 이해하기	··· 189

1장

의대 전형
이해하기

의대입시, 무엇에 초점을 맞춰 준비할 것인가?

의과대학에 진학하기 위해서는 먼저 전형별 선발 인원을 꼼꼼히 살펴보는 것이 필수적입니다. 오랜 기간 입시 컨설팅을 해온 경험에 비추어 볼 때, 정확한 데이터를 파악하고 그에 맞는 전략을 세우는 것이 가장 중요한 요소라고 할 수 있습니다. 막연히 열심히만 한다고 해서 의대입시에서 좋은 결과를 얻기 어렵습니다.

내신 등급과 모의고사 성적, 학생부 기록 등을 종합적으로 분석하여 본인에게 유리한 전형과 대학을 객관적으로 판단해야 합니다. 특히 해당 전형의 실질 경쟁률을 가늠하는 것이 매우 중요합니다.

많은 학생들이 필요한 정보를 충분히 알고 있다고 생각하지만, 실상은 정확히 파악하지 못하는 경우가 많습니다. 그러므로 이번 장에서는 우리가 알아야 할 대학 입시의 실질적인 데이터를 파악하는 데 주목하고자 합니다. 대학의 전형별 모집 인원과 지난해 입시 결과 그리고 수시전형의 수능 최저학력기준 등등을 직접적으로 확인해 보겠습니다. 이를 바탕으로 각 전형의 특성에 맞는 맞춤형 대책을 마련할 수 있을 것입니다.

가. 전형별 특징과 대비 전략

의대 전형은 크게, 모집 일정에 따라 수시와 정시로, 지원 자격에 따라 일반전형과 특별전형으로 구분할 수 있습니다. 긱 전형에 내해 완벽하게 이해하고 있다면 이 부분은 생략하고 다음으로 넘어가도 좋습니다. 그렇지 않다면 전형별 특징과 학습 전략을 꼼꼼히 체크해 보시기 바랍니다.

1. 일정별 구분 : 수시(학생부교과, 학생부종합, 논술) vs 정시(수능)

ㄱ. [수시] 학생부 위주 교과전형(간단히 학생부교과 또는 교과)

■ **특징**

학생부교과전형은 교과 성적을 주요 전형 요소로 학생을 선발합니다. 의대 교과전형의 내신 커트라인은 다른 학과에 비해 가장 높은 편입니다. 일반고 학생이 의대 교과전형에 지원하려면 보통 내신 1~2등급 이내여야 합니다. 지원자에게 최상위 수준의 학업 성취도를 요구합니다.

■ **학습 전략**

의대 학생부교과전형을 준비하는 핵심은 내신 성적 관리입니다. 학년이 올라갈수록 내신 경쟁이 치열해지므로 1, 2학년 때부터 학업에 매진하여 좋은 성적을 유지해야 합니다. 수능 모의고사를 통해 최저학력기준 충족 가능성을 가늠하고, 내신과 수능 공부 모두에 전력을 다해야 합니다. 교과 성적과 수능 모의고사 점수가 우수하다면 최상위권 의대 교과전형에 도전해 볼 만합니다.

일부 대학에서는 비교과 영역 점수에 차등을 두므로, 출결이나 봉사활동 등에서 감점 요인이 있는지 사전에 점검해야 합니다. 면접을 실시하는 대학에 지원한다면 평소에 면접을 함께 준비해야 합니다.

ㄴ. [수시] 학생부 위주 종합전형(간단히 학생부종합 또는 종합)

■ 특징

학생부종합전형은 교과 성적뿐 아니라 비교과 활동 등을 종합 평가하여 학생을 선발합니다. 의대 학종은 학업 역량과 더불어 다양한 활동 및 경험을 통해 의학 적성과 발전 가능성을 갖춘 인재를 발굴하는 데 주안점을 둡니다.

학종은 대부분 서류평가와 면접 두 단계로 이루어집니다. 1단계에서는 학생부를 포함한 제출 서류를 토대로, 2단계에서는 1단계 합격자를 대상으로 면접을 진행합니다. 면접 유형은 제출 서류 기반 면접, 제시문 기반 면접, 다중미니면접 등 다양합니다.

서류평가에서는 주로 학업역량, 전공 관련 활동, 봉사, 리더십 등을 평가하며, 면접에서는 인성, 의사소통능력, 문제해결능력, 논리적 사고력 등을 종합적으로 판단합니다. 다수의 대학들이 학종에서도 수능 최저학력기준을 적용하나 교과전형보다는 낮은 수준입니다.

■ 학습 전략

학종을 준비하려면 충실한 고교생활과 의학 분야에 대한 특별한 관심이 필수적입니다. 내신 1~2등급의 우수한 성적을 유지하되, 단순 암기식 공부보다는 심층적 탐구와 융합적 사고력을 기르는 학습이 요구됩니다.

동아리, 봉사, 리더십, 독서 등 비교과 활동에서도 의미 있는 경험을 쌓아야 합니다. 특히 의학 관련 활동이나 경험은 전공 적합성 측면에서 높은 평가를 받습니다.

학종 2단계 면접 또한 합격을 좌우하는 중요한 요소이므로 면접 유형에 맞는 사전 준비가 필요합니다. 학생부에 기재된 사항을 바탕으로 예상 질문을 만들어 모의면접을 해보고, 의학 관련 윤리적 딜레마 상황이나, 직업관, 의료 시사 뉴스에 본인의 생각을 정립해둬야 합니다. 수능 최저 기준을 적용하는 대학에 지원한다면 내신, 학생부 관리와 함께 수능 대비도 병행해야 합니다.

ㄷ. [수시] 논술 위주 전형(간단히 논술전형)

■ 특징

논술전형은 종합적 사고력, 문제해결능력, 논리적 표현력 등을 평가하는 전형입니다. 의대 논술은 크게 인문사회 통합교과형과 의학적성 평가를 위한 의학논술형으로 출제됩니다. 최근에는 인문학적 소양과 과학적 접근을 통합한 융합형 문제가 주를 이룹니다.

의대 논술은 단순 암기 이상의 종합적 사고력과 문제해결능력을 요구하므로, 깊이 있는 교과 지식과 폭넓은 배경지식이 필요합니다. 의학적성을 평가하고, 과학과 사회를 연계하는 통찰력을 판단합니다. 수리논술에도 익숙해야 하며, 사회 이슈에 대한 관심과 통합적 시각을 갖추는 것이 유리합니다.

논술전형 역시 수능 최저학력기준을 적용하는 대학이 많으므로 논술 준비와 함께 수능 공부도 소홀히 해서는 안 됩니다.

■ **학습 전략**

의대 논술을 준비하기 위해서는 수리논술의 기초를 튼튼히 다지는 것이 중요합니다. 고교 교육과정 내에서 다루는 수학 개념과 연습문제를 충실히 학습하고, 논술형 수학 유형에 익숙해져야 합니다. 이와 더불어 과학 논술도 보는 대학을 지원하려 한다면 과학 교과에 대한 깊이 있는 이해와 다양한 배경지식 습득도 필요합니다.

통합교과형 논술을 대비하려면 사회 현상에 대한 통찰력과 다각도 사고력 훈련이 도움됩니다. 과학기술, 의료 분야의 주요 이슈를 탐색하고 이에 대한 자신의 견해를 정립하는 연습을 해야 합니다. 기출문제를 꼼꼼히 분석하여 단순 암기를 넘어선 융합적 사고력을 기르는 것이 핵심입니다.

논술 준비와 함께 수능 대비도 게을리하면 안 됩니다. 모의고사를 통해 수능 최저학력기준 충족 가능성을 가늠해보고, 이에 따라 논술에 쏟는 비중을 전략적으로 조절해야 합니다. 수능 성적이 우수하다면 경쟁률이 높은 논술전형보다는 다른 전형을 선택하는 것도 현명한 판단일 수 있습니다.

ㄹ. [정시] 수능 위주 전형

■ **특징**

정시는 주로 수능 성적으로 합격자를 가립니다. 의대 정시에서 수능 점수가 단일한 기준이 되므로 최상위권 학생들 간의 치열한 경쟁이 펼쳐집니다. 전국 단위로 선발하다 보니 지원자들의 점수 편차가 매우 적은 것이 특징입니다.

해마다 의대 정시 합격선은 최상위권에서 형성됩니다. 서울 주요 의대의 경우 수능 상위 0.1~0.2% 이내여야 하고, 지방 의대를 포함하더라도 상위 2% 안에는 들어야 합격이 가능합니다. 유명 의대 합격자의 평균 영역별 백분위는 98~99점에 근접합니다.

정시에서 중요한 것은 수능 4개 영역의 골고루 높은 득점입니다. 단 한 영역의 부진도 치명적일 수 있습니다. 최근에는 국어 영역의 변별력이 수학 못지않게 커졌기에 국어 대비도 소홀히 해서는 안 됩니다.

■ 학습 전략

의대 정시는 수능에서의 고득점이 필수입니다. 모의고사를 통해 지원 가능한 대학을 예측해 볼 수 있으나 신중한 판단이 요구됩니다. 상위권 의대에 합격하려면 전 영역에서 백분위 99% 이상을 목표로 학습 전략을 세워야 합니다.

최상위권 재학생, N수생과 겨루기 위해서는 개념에 대한 깊이 있는 이해와 신속한 문제 해결력이 필요합니다. 수능 기출문제와 평가원 모의고사를 반복적으로 연습하여 실전 감각을 끌어올려야 합니다. 특히 국어는 2025학년도 6월 모의고사에서 EBS 연계 비중이 높아졌으므로 연계 교재를 우선적으로 공부하는 것이 좋습니다.

또한 2024학년도 9월 모의고사에 이어, 11월 수능부터 수능문제 유형이 달라졌으므로 되도록 최신 교재를 사용하는 것이 좋습니다. 시중에 나오는 교재는 모두 근본적으로 수능 출제 기관인 평가원 기출문제를 참고 삼아 제작되는데, 24년 6월 기준 평가원 기출은 3회 분(24학년도 9월 모의고사, 24학년도 11월 수능, 25학년도 6월 모의고사)뿐이므로 가장 최근의 문제 유형을 반영한 교재가 조금이라도 유리합니다.

취약한 영역은 집중적으로 분석하고 보완해야 하지만, 강점 영역을 등한시해서는 안 됩니다. 문제 한두 개 차이로 석차가 크게 요동칠 수 있기 때문입니다. 의대 정시에 전력을 다할 경우 가/나군에는 상위 대학에, 다군에는 안전 대학에 지원하는 것이 바람직한 전략입니다.

2. 지원자격별 분류 : 일반 vs 특별(지역인재, 지역균형, 기회균형 등)

ㄱ. [일반] 일반전형
■ 특징
일반전형은 특별한 자격 요건 없이 고등학교 졸업(예정)자나 법령에 의해 동등한 학력이 있다고 인정되는 사람들을 대상으로 합니다. 주로 정시 모집에서 중요하게 활용되며, 수능 성적을 대학별로 설정된 기준에 따라 반영합니다. 각 모집 단위별로 지정된 수능 응시 영역이 있으며, 영역별(과목별)로 다른 반영 비율과 점수 산출 방식을 적용합니다.

■ 입시 전략

대학마다 수능 응시지정영역과 영역별 반영비율이 다르므로 원하는 대학의 입시요강을 잘 확인해야 하며, 의대 진학을 위해서는 모든 영역을 1등급을 목표로 공부해야 합니다. 2025학년도에 1,497명이 증원되었고, 특히 비수도권 지역인재전형이 2024학년도 대비 888명 늘어난 1,913명이 되어 입시에 큰 영향을 주고 있습니다. 수도권 최상위권 학생들은 수시는 수도권 의대, 정시는 비수도권 의대를 많이 쓰고, 비수도권에서는 상위권 학생 대부분이 지역인재전형을 노릴 가능성이 높습니다. 따라서 수도권 최상위권은 1,497명 증원의 영향이 크지는 않을 전망입니다. 그러나, 그 아래 상위권 학생들은 지방대 의대의 특별전형 자격요건을 갖추고 있다면 특별전형을 지원하고, 아니면 일반전형을 고려하는 것이 유리할 것입니다.

특별전형의 종류는 매우 다양합니다. 따라서 가장 먼저 자신이 어떤 특별전형 자격(장애인, 농어촌 학생, 특성화고 졸업자, 특성화고 졸업 후 재직자, 기초생활수급자, 차상위계층, 한부모가족 지원대상자, 국가보훈대상자, 서해5도 학생, 자립지원 대상자, 북한이탈주민이나 제3국 출생 북한이탈주민 자녀, 만학도, 재외국민과 외국인, 지역균형, 지역인재 등)을 갖추고 있는지를 파악하고, 여러 대학의 전형을 살펴봐야 합니다. 특별전형은 일반전형에 비해 경쟁률이 낮은 경우가 많기 때문에, 자신이 특정 자격기준을 충족한다면 의대 진학에 유리할 수 있습니다.

ㄴ. [특별] 지역인재전형

■ 특징

지역인재전형은 지방 대학 및 지역인재를 육성하고 우수한 지역 인재의 수도권 유출을 막기 위한 취지로 도입된 제도입니다. 따라서 해당 대학이 소재한 지역의 중학교 입학부터 고등학교 졸업까지의 모든 교육과정을 이수하고 졸업(예정)한 자를 대상으로 합니다. (초등학교를 포함하는 유형도 있음) 의약학 계열에서 지역인재전형 선발 인원이 크게 증가하였고 의대의 경우 학생부교과전형으로 가장 많이 선발하며, 수능 최저학력기준을 충족해야 합니다. 전남대, 부산대 의대 등이 지역인재전형 선발 인원이 가장 많은 대표 학교입니다. 전국적으로는 2025학년도 지역인재를 선발하는 대학들 전체 모집인원의 59.7%가 지역인재전형 비율입니다. 상대적으로 수도권 학생들에게는 기회가 없기 때문에 불리하다고 볼 수도 있으나, 그만큼 다른 전형의 경쟁률이 낮아진다는 점에서는 불리한 것만도 아닙니다.

■ 입시 전략

지방 일반고 학생들에게는 좋은 기회가 될 수 있으므로, 이 전형을 적극적으로 고려해볼 필요가 있습니다. 수능 최저학력기준을 충족해야 하므로 수능 준비에도 소홀히 하지 않아야 합니다. 지방 학생들은 자신이 졸업한 고등학교가 위치한 지역에 있는 대학에 지원하려면, 지역인재전형을 적극 노려볼만합니다. 그 대학의 경우 타 지역 학생들은 지역인재전형 외에 다른 전형(일반전형 등)으로만 지원할 수 있기 때문입니다. 지역인재전형도 그 종류가 다양하므로 대학별 지역인재전형 선발 인원 및 수능 최저학력기준 등을 꼼꼼히 확인하고 지원 전략을 세워야 합니다.

ㄷ. [특별] 지역균형전형

■ 특징

지역균형전형은 주로 수도권에 소재한 대학에서 지역균형발전을 목적으로 하는 특별전형으로, 일반적으로 학교장 추천을 받은 학생만 지원 가능합니다. 학교생활기록부의 '교과학습발달상황' 중 이수 교과목의 성취도 및 석차등급(다시 말해 내신성적)을 우선적으로 고려하여 선발합니다. 학교별로 추천 인원에 제한을 두고 있으므로(서울대의 경우 학교당 2명까지만 추천 가능) 성적우수자를 추천하게 됩니다. 추천 인원은 매년 변동될 수 있으며, 현역 고3 재학생뿐만 아니라 졸업생도 추천이 가능한 경우도 있습니다. 주로 내신으로 전교 최우수권 학생을 추천하는 전형 특성상, 내신을 받기 어려운 수도권보다는 경쟁이 상대적으로 덜한 지방의 내신 우수자에게 유리한 전형이라고 할 수 있습니다.

⇒ **지역균형전형** : 수도권 대학에서 지방인재를 특별전형으로 뽑는 것

⇒ **지역인재전형** : 지방대학 의대 등에서 지방인재를 특별전형으로 뽑는 것

■ 입시 전략

교과 성적이 우수한 학생들에게 유리한 전형이므로, 내신 성적 관리에 힘써야 합니다. 학교에서 추천을 받는 것이 관건이므로, 학교 내에서의 다양한 활동을 통해 학교장 추천을 받기 위해 노력해야 합니다. 학교에서 요구하는 추천 기준을 충족시키기 위해, 교과 성적뿐만 아니라 비교과 활동에도 적극적으로 참여할 필요가 있습니다.

내학 수시 모집요강을 꼼꼼히 확인하여, 자신이 속한 학교의 주천 인원 및 자격 조건을 파악해야 합니다. 사실상 전교 1, 2등에게 기회가 주어지는데 의대인원 증원으로 약간의 변화는 있을 수 있습니다. 또한 이 전형은 면접을 요구하기도 합니다. 따라서 필요한 경우 면접 준비를 통해 자신의 강점과 특징을 효과적으로 어필할 수 있도록 준비해야 합니다.

ㄹ. [특별] 기회균형전형

■ 특징

기회균형 특별전형은 사회적 배려 대상자 또는 사회적 취약 계층에게 기회를 제공하기 위한 전형입니다.

장애인 등 대상자, 농어촌학생, 특성화고교졸업자, 특성화고 등을 졸업한 재직자, 기초생활수급자, 차상위계층, 한부모가족 지원대상자, 국가보훈대상자, 서해 5도 학생, 자립지원 대상자, 북한이탈주민이나 제3국 출생 북한이탈주민 자녀 등을 대상으로 합니다.

대부분 정시전형으로 선발하며, 앞으로도 정시 모집인원이 증가할 것으로 보입니다. 기회균형전형 해당자가 많지 않고, 자신이 지원 자격이 되는지도 모르는 경우가 많기 때문에 일반전형에 비해 경쟁률이 낮은 편입니다. 전형 방법은 학교별로 다양하지만, 주로 학생부 교과 성적과 면접, 서류 등을 종합적으로 평가합니다.

■ 입시 전략

기회균형 전형은 경쟁률이 낮아, 지원자격만 된다면 합격 가능성이 상대적으로 높습니다. 대학별 기회균형전형의 선발 인원 및 전형 방법을 꼼꼼히 확인하고, 자신에게 유리한 대학을 선택합니다.

기회균형 전형 중 학생부종합전형의 경우, 대학별 평가 방식을 고려해야 하고 대학마다 학생부 반영 비율이 다르므로, 자신의 학생부 강점이 부각되는 대학을 선택해야 합니다.

기회균형전형의 합격선은 일반전형 합격선과는 차이가 있습니다. 따라서 대학별 전년도 입시 결과를 분석하고, 기회균형전형에서 일반전형 대비 어느 정도 합격선 하락이 있는지 파악해야 합니다. 자신의 지원 자격을 미리 확인하고, 해당 전형에서 요구하는 서류를 빠짐없이 준비해야 합니다. 학생부 교과 성적 관리에 힘쓰되, 면접을 요구하는 대학의 경우 모의 면접 연습을 통해 자신감을 갖추고, 자신의 장점을 드러낼 수 있도록 합니다.

나. 전형별로 정리된 2025년 입시 현황 확인

다음으로 2025년 전체 의대 모집 현황과 각 전형별 입시 세부 사항을 살펴보겠습니다.

1. 2025학년도 의대 모집인원

구분	2025학년도			2024학년도		
	수시	정시	전체	수시	정시	전체
의학	3,118	1,492	4,610	1,952	1,161	3,113

※ 이 표에 한하여 수시 인원은 재외국민 및 외국인 등 기타 전형의 인원을 포함한 값임

2025학년도 의대 모집인원은 4,610명입니다.

올해는 1,497명이 늘어나 의대 진학에 절호의 기회를 맞았습니다. 하지만 정원이 늘어남에 따라 직장인, 대학생 등 다양한 분야의 사람들이 의대 진학의 문을 두드리고 있어, 입학 경쟁은 여전히 치열할 것으로 예상됩니다.

전형별 모집인원

구분	학생부교과		학생부종합		논술 위주		수능 위주(정시)	
	모집인원	비율	모집인원	비율	모집인원	비율	모집인원	비율
의학	1,577	34.2%	1,334	28.9%	178	3.9%	1,492	32.4%

2025학년도 의대 수시전형별로는 학생부교과전형으로 1,577명을 모집하고 학생부종합전형으로 1,334명, 논술전형으로는 178명을 모집합니다.

지역인재전형을 중심으로 교과전형이 많이 늘어났으며, 학생부교과전형의 모집인원이 가장 많습니다.

그러나, 서울대를 비롯한 서울 및 수도권 소재 의대와, 선호도가 높은 지방 소재 의대는 여전히 학생부종합전형으로 많은 학생을 모집합니다. 따라서 상위권 의대와 서울 및 수도권 의대 진학을 희망한다면 학생부종합전형에 대한 대비를 철저히 하여야 합니다.

수도권 대학 및 울산대, 한림대, 순천향대, 인제대 전형별 모집인원

	전체(재외국민 등 기타 제외)	학생부교과	학생부종합	논술	정시
모집인원 수	1,798	253(14.2%)	731(41%)	134(7.5%)	665(37.3%)

논술전형은 매년 감소하는 추세였으나, 올해는 의대 정원 증가와 함께 178명을 모집합니다. 특히, 2025학년도는 지난해와 달리 가천대가 새롭게 참여하면서 총 10개 대학에서 논술 전형을 통해 의대 인원을 선발합니다.

정시 모집 현황

구분	정시모집							
	가군		나군		다군		소계	
	대학 수 (개교)	모집인원 (명)	대학 수 (개교)	모집인원 (명)	대학 수 (개교)	모집인원 (명)	대학 수 (개교)	모집인원 (명)
의학	15	559	18	743	7	190	39	1,492

의대 정시모집은 전체 1,492명을 모집합니다.

가군에서 15개 대학 559명(37.5%), 나군 18개 대학 743명(49.8%), 다군 7개 대학 190명(12.7%)을 모집합니다.

다군은 대학 수와 모집인원이 많지 않아 상대적으로 경쟁률이 매우 높고 합격 가능성을 예측하기 쉽지 않아 다군의 대학을 지원할 예정인 학생이라면 유의를 해야 합니다.

학교별 특이 사항을 살펴보면, 먼저 대부분의 대학 정시전형은 수능 비중이 100%인 데 비해, 서울대는 정시에 학생부종합전형이 있다는 것이 특징입니다. 서울대에서는 정시에 교과평가를 반영하는 전형이 있으며, 고려대도 수능-교과우수형전형에서는 수능성적 외에 학생부성적 20%를 반영하여 12명을 선발합니다.

고신대는 유일하게 정시를 나군(일반전형)과 다군(지역인재전형)으로 나눠서 실시합니다.

2025학년도 학교별 모집인원 현황

지역	대학명	전체 모집 인원	수시				정시				기타 (재외국민 등)
			학생부 교과	학생부 종합	논술	소계	가	나	다	소계	
서울	가톨릭대학교	96	10	27	19	56	37			37	3
	경희대학교	111	22	29	15	66		45		45	
	고려대학교	112	18	49		67	44			44	1
	서울대학교	137		95		95		42		42	
	연세대학교	112	15	48		63	49			49	
	이화여자대학교	76		18		18		58		58	
	중앙대학교	87		25	18	43		42		42	2
	한양대학교	110		58		58	52			52	
경기	성균관대학교	112		50	10	60	50			50	2
	아주대학교	113		40	20	60		51		51	2
인천	가천대학교	137	17	37	40	94	40			40	3
	인하대학교	123	26	44	12	82	40			40	1
강원	가톨릭관동대학교	115	72	5		77			33	33	5
	강원대학교	91	36	30		66	25			25	
	연세대학교(미래)	104	16	52	15	83		21		21	
	한림대학교	104		68		68		35		35	1
충북	건국대학교(글로컬)	110	23	40		63		42		42	5
	충북대학교	126	51	9		60		66		66	
대전	건양대학교	102	88			88	14			14	
	을지대학교	106	89			89		15		15	2
	충남대학교	158	61	57		118		40		40	
충남	단국대학교	82		42		42			40	40	
	순천향대학교	154	48	76		124			30	30	
전북	원광대학교	157	48	87		135		22		22	
	전북대학교	171	98	5		103		68		68	

지역	대학명										
광주	전남대학교	165	108	13		121	44			44	
	조선대학교	152	88	12		100		52		52	
대구	경북대학교	157	31	91	7	129	28			28	
	계명대학교	125	55	25		80			45	45	
	대구가톨릭대학교	82	52	12		64			18	18	
	영남대학교	103	63			63		40		40	
경북	동국대학교(WISE)	124	71	35		106			16	16	2
부산	고신대학교	103	85			85		10	8	18	
	동아대학교	102	27	35		62	40			40	
	부산대학교	163	47	35	22	104		59		59	
	인제대학교	104	64			64	40			40	
	울산대학교	110	33	67		100	10			10	
경남	경상국립대학교	142	78	18		96	46			46	
제주	제주대학교	72	37			37	35			35	
총합계		4,610	1,577	1,334	178	3,089	559	743	190	1,492	29

ㄱ. 2025학년도 전형 Ⅰ - [수시] 학생부교과전형

학생부교과 실시대학 현황(31개 대학)

지역	대학명	전형명	교과전형 모집인원 합계	전형방법	수능 최저학력기준
서울	가톨릭 대학교	지역균형전형 10	10	학생부교과 100%, 인적성면접(합/불)	국어, 수학(미적분/기하), 영어, 과탐(2과목 평균) 중 4개 영역 등급 합 5 이내 및 한국사 4등급 이내 ※ 탐구 : 2과목 등급 평균을 소수점 첫째자리에서 버림, 동일 분야 Ⅰ+Ⅱ 응시 불인정 ※ 탐구영역 내 별도 지정과목 없음
	경희대학교	지역균형전형 22	22	학생부교과 · 비교과 70%+교과종합평가 30%	국어, 수학, 영어, 사회/과학탐구(2과목 평균) 중 3개 영역 등급의 합이 4 이내이고, 한국사 5등급 이내
	고려대학교	학교추천전형 18	18	학생부교과 80%+서류 20%	국어, 수학, 영어, 과학탐구(2과목 평균) 4개 영역 등급 합이 5 이내 및 한국사 4등급 이내 동일 분야 Ⅰ+Ⅱ 응시 불인정

	대학교	전형/모집인원		반영방법	수능 최저학력기준
	서울대학교	없음			
	연세대학교	추천형 15	15	학생부교과 100%	국어, 수학(미적분/기하 중 택1), 과탐 중 1등급 2개 이상(국어, 수학 중 1개 과목 포함), 영어 3등급 이내, 한국사 4등급 이내 탐구영역은 평균등급이 아닌 개별 과목등급 기준.
	이화여자대학교	없음			
	중앙대학교	없음			
	한양대학교	없음			
경기	성균관대학교	없음			
	아주대학교	없음			
인천	가천대학교	학생부우수자 15 농어촌(교과) 2	17	학생부교과 100%	학생부우수자전형 : 국어, 수학(기하, 미적분), 영어, 과탐(2과목 평균, 소수점 절사) 3개 영역 각 1등급 농어촌(교과)전형 : 국어, 수학(기하, 미적분), 영어, 과탐(2과목 평균, 소수점 절사) 3개 영역 등급 합 4 이내
	인하대학교	지역균형 26	26	학생부교과 100%	국어, 수학, 영어, 사회/과학탐구(2과목)중 3개 영역 각 1등급 이내 ※ 탐구는 2개 과목 평균 적용(소수점 첫째자리에서 올림)
강원	가톨릭관동대학교	일반 20 지역인재 37 지역기회균형 3 기회균형 2 농어촌학생 5 기초생활 차상위 5	72	학생부교과 100%	국어, 영어, 수학(미적분, 기하 중 택1), 과탐(2개 과목 등급평균, 소수점 이하 버림) 중 상위 3개 영역 등급의 합이 4 이내 * 지역인재/지역기회균형/기회 균형/ 농어촌학생/기초생활차상위전형 : 합이 5 이내
	강원대학교	일반 11 지역인재 23 저소득-지역 인재 2	36	학생부교과 100%	국어, 수학, 영어, 과탐(1과목) 중 3개 영역(필수반영 : 수학, 과탐)의 합이 5등급 이내 * 지역인재 : 합이 6등급 이내 * 저소득-지역인재 : 합이 8등급 이내

	연세대학교 (미래)	교과우수자 16	16	교과 80%+면접 20% 면접 : 의학적 인성평가	국어, 수학(미적분/기하), 과탐1, 과탐2 중 4개 영역 등급 합 5 이내 영어 2등급 이내, 한국사 4등급 이내, 과탐 2과목 각각 반영, 과탐 동일 과목 의 Ⅰ, Ⅱ 선택은 불가함
충북	한림대학교	없음			
	건국대학교 (글로컬)	지역인재 15 지역인재 (기초차상위) 3 농어촌학생 5	23	1단계(5배수) : 학생 부교과 100% 2단계 : 1단계 성적 70%+면접 30%	국어, 수학(미적분 또는 기하 중 택1), 영어, 과탐(2과목 평균, 소수점 절사) 중 상위 3개 영역 합이 4등급 이내, 한 국사 4등급 이내 * 지역인재(기초차상위)/농어촌 학생 : 합이 5등급 이내
	충북대학교	학생부교과 16 지역인재 32 지역경제 배려대상자 3	51	학생부교과 100%	국어, 수학(미적 또는 기하 중 택1), 영 어, 과탐(1과목) 중 상위 3개 영역 합이 4등급 이내(수학 필수 반영) * 지역인재 : 합이 5등급 이내 * 지역경제배려대상자 : 합이 6등급 이내
대전	건양대학교	일반학생(최저) 13 일반학생(면접) 5 지역인재(최저) 50 지역인재(면접) 15 지역인재(기초) 3 농어촌 2	88	1단계(5배수) : 학생 부교과 100% 2단계 : 1단계 80%+ 면접 20% * 일반학생(최저), 지 역인재(최저), 지역 인재(기초), 농어촌 : 1단계(5배수) * 일반학생(면접), 지 역인재(면접) : 1단 계(3배수)	일반학생(최저), 지역인재(최저) : 국 어, 수학, 영어, 과탐(2과목 평균, 소수 점 절사) 중 3과목 선택 합 4등급 * 지역인재(기초), 농어촌 : 합 5등급 * 일반학생(면접), 지역인재(면접) : 없음
	을지대학교	지역의료인재 62 지역균형 20 기회균형Ⅱ 3 기회균형Ⅰ 2 농어촌 2	89	학생부교과 95%+인 성면접 5%	국어, 수학, 영어, 과학탐구(1개 과목) 4개 영역 등급 합이 6이내, 과학탐구 2개 과목 응시 필수 * 지역균형은 합이 5, 기회균형Ⅱ는 합 이 4
	충남대학교	일반 20 지역인재 37 지역인재 저소득 4	61	학생부교과 100%	국어, 영어 및 과학탐구(2과목 평균) 중 상위 2과목과 수학(미적분, 기하) 합산 4등급 이내 * 지역인재저소득은 합산 6등급

충남	단국대학교	없음			
	순천향대학교	교과우수자 12 지역인재 36	48	학생부교과 100%	수능 국어, 수학, 영어, 탐구 4개 영역 등급 합 6 이내, 탐구(사회/과학) 영역 2개 과목 평균 반영 * 지역인재는 탐구 우수 1개 과목반영
전북	원광대학교	지역인재교과 (전북) 32 지역인재교과 (호남) 16	48	학생부 100%	국어, 수학, 영어, 과학탐구(2과목 평균) 중 수학 포함 3개 영역 등급의 합이 5 이내
	전북대학교	일반 24 지역인재1 (호남권) 14 지역인재2 (전북권) 56 지역인재기회균형 (호남권) 4	98	1단계(3배수) : 서류 평가 100% 2단계 : 1단계 성적 70%+면접 30%	국어, 수학(미적분, 기하 중 택1), 영어, 과학탐구 영역 중 수학 포함 4개 영역 등급 합 5 * 지역인재1(호남권), 지역인재2(전북권), 지역인재기회균형(호남권)은 등급 합 6
광주	전남대학교	지역인재 102 지역균형 4 농어촌 2	108	학생부 100%	수학 포함 3개 영역 합 5등급 이내, 탐구 2과목 평균 ※ 기하 또는 미적분 중 택1, 과학탐구 2과목 필수 응시 * 지역균형, 농어촌은 6등급
	조선대학교	일반 16 지역인재 68 지역기회균형 4	88	학생부교과 100%	국어, 수학(미적분/기하 택1), 영어, 탐구(과학 1과목) 중 3개 영역의 합이 5등급
대구	경북대학교	지역인재 28 지역인재 기초생활자 3	31	학생부교과 80%+서류평가(교과이수 충실도) 20%	국어, 수학(미적분/기하 중 택1), 영어 중 상위 2개 등급과 탐구영역(2과목 평균, 소수점 반올림) 등급 합 4 이내 * 지역인재기초생활자는 등급 합 5
	계명대학교	일반 13 지역 29 지역기회균형 3 면접 10	55	1단계(10배수) : 학생부 100% 2단계 : 1단계 성적 80%+면접 20%	상위 3개 영역의 등급 합이 3 이내 - 필수 응시 : 수학(미적분 또는 기하), 과탐 2개 과목, 한국사 * 지역기회균형은 등급 합 5, 면접전형은 등급합 4
	대구가톨릭대학교	교과 10 지역교과 38 지역기회균형 2 농어촌 2	52	1단계(5배수) : 학생부교과 100% 2단계 : 1단계 점수 80%+면접고사 20%	수능 3개 영역 등급합 4 이내, 탐구영역은 과학탐구 2과목 응시 필수, 2과목 평균 반영(소수점절사)

	영남대학교	일반 12 지역인재 37 기회균형 II (의약) 3 의학창의인재 8 농어촌 3	63	학생부 성적 100%	국어, 수학, 영어, 과학탐구(2개 과목) 4개 영역 등급 합이 5 이내, 한국사 4등급 이내
경북	동국대학교 (WISE)	교과 17 불교추천인재 3 지역인재교과 30 지역인재 경북교과 16 기회균형 I 지역인재 3 농어촌 2	71	학생부 성적 100%	국어, 수학(미적분 또는 기하), 과학탐구 등급의 합 4 이내 * 기회균형 I (지역인재)는 등급 합 5
부산	고신대학교	일반고 30 지역인재 50 지역인재기회균형 2 농어촌 3	85	1단계(10배수) : 학생부교과 100% 2단계 : 1단계성적 90%+면접 10%	국어, 수학(미적분/기하), 영어, 과탐(1과목) 4개 영역 중 수학 포함한 3개 영역 등급 합 4 이내["확률과 통계" 선택 시 국어, 수학, 영어, 과탐(1) 4개 영역 중 수학영역 포함 3개 영역 등급 합 3] * 농어촌 전형은 등급 합 5(확률과 통계 선택 시 등급 합 4)
	동아대학교	지역인재교과 27	27	학생부교과 80%+서류(학생부) 20%	수능 4개 영역[국어, 수학, 영어, 사회/과학탐구(1개 과목)] 등급의 합 6 이내
	부산대학교	학생부교과 17 지역인재 30	47	학생부교과 80%+학업역량평가 20%	국어, 수학(미적분, 기하 중 택1), 영어, 과학탐구 영역 중 수학 포함 3개 영역 등급 합 4 이내&한국사 4등급 이내
	인제대학교	지역인재 I 30 지역인재기초 생활수급권자 3 의예약학 27 기초생활수급권자 4	64	1단계(5배수) : 학생부교과 100% 2단계 : 1단계 성적 80%+면접 20%	국어, 영어, 수학(미적분 또는 기하 중 택1), 과학탐구(1과목) 각 등급이 2등급 이내
	울산대학교	지역교과 33	33	1단계(5배수) : 서류평가 100% 2단계 : 1단계 성적 (80%)+면접 20%	국어, 수학(미적분 또는 기하 필수선택), 영어, 과학탐구(2과목 평균) 중 3개 영역 합 4등급 이내. 한국사 4등급 이내

지역	대학명	전형명	학종모집 인원합계	전형방법	수능 최저학력기준
경남	경상국립 대학교	일반 16 지역인재 62	78	학생부교과 100%	국어, 수학(미적 또는 기하 중 택1), 영어, 과탐(2과목 평균, 소수점 절사) 중 수학을 필수 반영하여 3개 영역 합이 4등급 이내 * 지역인재는 등급 합 6 이내
제주	제주대학교	일반학생 14 지역인재 19 지역인재 고른기회 2 고른기회 2	37	학생부교과 100%	국어, 수학(미적분, 기하), 영어, 과탐(2개 과목) 수학 포함 3개영역 등급 합 6, * 지역인재고른기회, 고른기회는 등급 합 7
총합계			1,577		

학생부교과전형은 31개 대학에서 1,577명을 모집합니다. 의대 수시모집 전형 중 가장 많은 학생을 선발하는 전형입니다.

먼저 생각할 부분은 학생부교과전형은 높은 수능 최저학력기준을 요구한다는 점입니다.

의대 학생부교과전형 대부분은 3개 영역 등급 합 3~6 정도의 높은 수능 최저 학력기준을 설정하고 있어서 수능 최저학력기준 충족 여부가 합불을 결정하는 중요한 요인이 됩니다.

작년과 비교하여 가장 달라진 학교의 전형은 연세대 학생부교과 추천형입니다. 이 전형은 단계별 진형이었던 2024학년도와 달리 학생부교과 100%인 일괄전형으로 변경되면서, 면섭이 없어지고 수능 최저학력기준이 적용되었습니다.

ㄴ. 2025학년도 전형 Ⅱ – [수시] 학생부종합전형

학생부종합전형 실시대학 현황(33개 대학)

지역	대학명	전형명	학종모집 인원합계	전형방법	수능 최저학력기준
서울	가톨릭 대학교	가톨릭지도자 추천 2 학교장추천 25	27	1단계(4배수) : 학생부 서류종합평가 100% 2단계 : 1단계 성적 70%+면접평가 30%	가톨릭지도자추천 : 없음 학교장추천 : 국어, 수학(미적분/기하), 영어, 과탐(2과목 평균, 소수점 절사) 중 3개 영역 등급 합 4 이내, 한국사 4 등급 이내
	경희대학교	네오르네상스 29	29	1단계(3배수) : 서류 100% 2단계 : 1단계 성적 70%+면접 30%	없음

고려대학교	학업우수 29 계열적합 15 고른기회 5	49	학업우수 : 서류 100% 계열적합 : - 1단계(5배수) : 서류 (학생부 종합평가) 100% - 2단계 : 1단계 성적 50%+면접 50% 고른기회 : - 1단계(3배수) : 서류 (학생부 종합평가) 100% - 2단계 : 1단계 성적 50%+면접 50%	학업우수 : 국어, 수학, 영어, 과학탐구 (2과목 평균) 4개 영역 등급 합이 5 이 내 및 한국사 4등급 이내, 과탐은 서로 다른 2개 분야만 인정 * 계열적합, 고른기회 : 없음
서울대학교	지역균형 39 일반 49 기회균형특별전형 (사회통합) 7	95	지역균형 : - 1단계(3배수) : 서류 평가 100% - 2단계 : 1단계 성적 70%+면접 30% 일반전형 : - 1단계(2배수) : 서류 평가 100% - 2단계 : 1단계 성적 50%+면접 및 구술 고사 50% 기회균형특별전형 : - 1단계(2배수) : 서류 평가 100% - 2단계 : 1단계 성적 70%+면접 30%	지역균형 : 국어, 수학(미적, 기하 중 택1), 영어, 탐구(2개 과목 등급 평균) 중 3개 영역 등급 합이 7등급 이내 ※ 탐구 : 과탐 8과목 중 택2, Ⅰ+Ⅰ, Ⅰ+Ⅱ, Ⅱ+Ⅱ 3개 조합 중 선택, 단, '물리학Ⅰ, 물리학Ⅱ, 화학Ⅰ, 화학 Ⅱ' 중 1개 과목 이상 반드시 응시해 야 함, 단, Ⅰ+Ⅱ 조합으로 응시할 경우 서로 다른 분야의 과목을 응 시해야 함 * 일반전형, 기회균형특별전형 : 없음
연세대학교	활동우수형 45 기회균형 3	48	활동우수형 : - 1단계(4배수) : 서류 평가 100% - 2단계 : 1단계 성적 60%+면접 40% * 기회균형은 1단계 (3배수)	국어, 수학, 과탐 중 1등급 2개 이상(국 어, 수학 중 1개 과목 포함), 영어 3등급 이내, 한국사 4등급 이내 * 수학은 미적분/기하 중 택1, 탐구영 역은 평균등급이 아닌 개별 과목등 급 기준. * 기회균형은 없음
이화여자 대학교	미래인재(자연) 18	18	서류 100%	국어, 수학, 영어, 탐구 4개 영역 중 4 개 영역 등급 합 5 이내 ※ [탐구영역] 응시한 과목 중 상위 1 개 과목의 등급으로 반영

	대학교	전형명/인원	인원	전형방법	수능최저학력기준
	중앙대학교	CAU융합형인재 10 CAU탐구형인재 15	25	CAU융합형인재 : 서류평가 100% CAU탐구형인재 : - 1단계(3.5배수) : 서류평가 100% - 2단계 : 1단계 성적 70%+면접 30%	없음
	한양대학교	추천형 25 서류형 30 고른기회형 3	58	학생부종합평가100%	국어, 수학, 영어, 탐구(1과목) 중 3개 영역 등급합 4 이내 ※ 수능 필수 응시 영역 : 국어, 수학, 영어, 사탐 또는 과탐(2과목)
경기	성균관대학교	탐구형 50	50	1단계(4배수) : 학생부 100% 2단계 : 1단계 성적 70%+면접 30%	없음
	아주대학교	ACE전형 40	40	1단계(3배수) : 서류평가 100% 2단계 : 1단계 성적 70%+면접 30%	국어, 수학, 영어, 탐구(2과목 평균) 등급합 6 이내
인천	가천대학교	가천의약학 33 기회균형 2 농어촌(종합) 2	37	1단계(5배수) : 서류 100% 2단계 : 1단계평가 50%+면접 50%	가천의약학 : 국어, 수학(기하, 미적분), 영어, 과탐(2과목 평균, 소수점 절사) 3개 영역 각 1등급 기회균형, 농어촌(종합) : 국어, 수학(기하, 미적분), 영어, 과탐(2과목 평균, 소수점 절사) 3개 영역 등급 합 4 이내
	인하대학교	인하미래인재 42 농어촌학생 2	44	인하미래인재 : - 1단계(3배수) : 서류평가 100% - 2단계 : 1단계 성적 70%+면접 30% 농어촌 학생 : 서류 100%	없음
강원	가톨릭관동대학교	가톨릭지도자추천 5	5	학생부 서류 100%	국어, 영어, 수학(미적분, 기하 중 택1), 과탐 중 상위 3개 영역 등급의 합이 5 이내 * 과탐 2개 과목 평균등급(소수점 이하 버림)

	대학교	모집인원	전형방법	수능최저학력기준
	강원대학교	미래인재Ⅱ 10 지역인재 20	30	1단계(3배수) : 서류 평가 100% 2단계 : 서류평가 60%+면접평가 40%	미래인재Ⅱ : 없음 지역인재 : 국어, 수학, 영어, 과탐(1과목) 영역 중 3개 영역(필수 반영 : 수학, 과탐)의 합이 7등급 이내
	연세대학교 (미래)	학교생활우수자 15 강원인재(일반) 27 강원인재(한마음) 3 사회통합 3 기초생활연세한마음 1 농어촌학생 3	52	학교생활우수자 : - 1단계(6배수) : 서류 100% - 2단계 : 1단계 성적 70%+면접 30% 강원인재(일반, 한마음), 사회통합, 기초생활연세한마음, 농어촌학생 : 서류 80%+면접 20%	학교생활우수자, 사회통합 : 국어, 수학(미적분/기하), 과탐1, 과탐2 중 4개 영역 등급 합 5 이내 영어 2등급 이내, 한국사 4등급 이내, 과학탐구 2과목 각각 반영, 과탐 동일 과목의 Ⅰ, Ⅱ 선택은 불가함 * 강원인재(일반, 한마음), 기초생활연세한마음, 농어촌학생 : 등급 합 6 이내
	한림대학교	학교생활우수자 43 지역인재(지역인재) 19 지역인재(기초생활) 3 기회균형(농어촌) 3	68	1단계(5배수) : 서류 100% 2단계 : 1단계 성적 70%+면접 30%	학교생활우수자, 지역인재 : 국어, 영어, 수학(미적분/기하), 과탐(2과목 평균) 4개 영역 중 3개 합 4등급 이내(단, 영어 포함하여 반영할 경우 영어는 1등급) 지역인재(기초생활), 기회균형(농어촌) : 없음
충북	건국대학교 (글로컬)	Cogito자기추천 14 지역인재 26	40	Cogito자기추천 - 1단계(3배수) : 서류 100% - 2단계 : 1단계 성적 70%+면접 30% 지역인재 : 서류평가 100%	국어, 수학(미적분 또는 기하 중 택1), 영어, 과탐(2과목 평균, 소수점 절사) 중 상위 3개 영역 합이 4등급 이내, 한국사 4등급 이내
	충북대학교	학생부종합Ⅰ 4 학생부종합Ⅱ 4 고른기회농어촌학생 1	9	서류평가 100%	학생부종합Ⅱ : 국어, 수학(미적 또는 기하 중 택1), 영어, 과탐(1과목) 중 상위 3개 영역 합이 5등급 이내(수학 필수 반영) 학생부종합Ⅰ, 고른기회농어촌학생 : 없음
대전	건양대학교	없음			
	을지대학교	없음			

	충남대학교	학생부종합Ⅰ 일반 20 학생부종합Ⅰ 서류 9 학생부종합Ⅱ지역 인재의예과 25 학생부종합Ⅲ고른 기회농어촌 2 학생부종합Ⅲ고른 기회저소득 1	57	1단계(3배수) : 서류 평가 100% 2단계 : 1단계 성적 66.7%+면접 33.3% * 서류전형은 서류평 가 100%	국어, 영어 및 과학탐구(2과목 평균) 중 상위 2과목과 수학(미적분, 기하) 합산 5등급 이내 * 학생부종합Ⅲ고른기회 농어촌, 고른 기회 저소득은 최저학력기준 없음
충남	단국대학교	DKU인재 면접형 40 농어촌 2	42	1단계(3배수) : 100% 2단계 : 1단계 성적 70%+면접 30%	국어, 수학(미적분/기하), 영어, 탐구 (과탐 2과목 평균) 중 수학 포함 3개 영역 등급 합이 5 이내
	순천향대학 교	일반 12 지역인재 56 지역인재기초 생활수급자 4 기초차상위 2 농어촌학생 2	76	서류평가 100%	최저학력기준 없음
전북	원광대학교	학생부종합 26, 지 역인재Ⅰ전북권 33, 지역인재Ⅰ호 남권 18, 지역인재 Ⅱ호남권 3, 기회 균형Ⅱ 3, 농어촌 4	87	1단계(5배수) : 서류 평가 100% 2단계 : 1단계 성적 70%+면접 30%	국어, 수학, 영어, 과학탐구(2과목 평균) 중 수학 포함 3개 영역 등급의 합이 6 이내 * 기회균형Ⅱ, 농어촌은 최저학력기준 없음
	전북대학교	큰사람 5	5	1단계(3배수) : 서류 평가 100% 2단계 : 1단계 성적 70%+면접 30%	국어, 수학(미적분, 기하 중 택1), 영어, 과학탐구 영역 중 수학 포함 4개 영역 등급 합 6 이내
광주	전남대학교	교육생활 우수자Ⅰ 13	13	1단계(6배수) : 서류 평가 100% 2단계 : 1단계 성적 (70%)+면접(30%)	수학 포함 3개 영역 합 5등급 이내, 탐 구 2과목 평균
	조선대학교	면접 10 농어촌 2	12	1단계(5배수) : 서류 평가 100% 2단계 : 서류평가 70%+면접평가 30% * 농어촌은 서류평가 100%	국어, 수학(미적분/기하 택1), 영어, 탐 구(과학 1과목) 중 3개 영역의 합이 5 등급 이내

대구	경북대학교	일반 31 지역인재 58 농어촌 2	91	서류평가 100% * 지역인재는 1단계(5배수) : 서류 100%, 2단계 : 1단계평가 70%+면접 30%	국어, 수학(미적분/기하 중 택1), 영어 중 상위 2개 등급과 탐구영역(2과목 평균, 소수점 반올림) 등급 합 4 이내 * 농어촌은 등급 합 5 이내
	계명대학교	일반 5 지역 20	25	1단계(7배수) : 서류 100% 2단계 : 1단계 성적 80%+면접 20%	일반전형 : 없음 지역전형 : 상위 3개 영역 등급 합 4, 필수 응시 : 수학(미적분 또는 기하), 과탐 2개 과목, 한국사
	대구가톨릭 대학교	지역종합 12	12	1단계(5배수) : 학생부 종합평가 100% 2단계 : 1단계 점수 80%+면접고사 20%	수능 3개 영역 등급합 5 이내 ※ 수학영역은 선택과목 미적분 또는 기하 선택 필수 ※ 탐구영역은 과학탐구 2과목 응시 필수, 2과목 평균 반영(소수점 절사)
	영남대학교	없음			
경북	동국대학교 (WISE)	참사람 10 지역인재종합 15 지역인재경북 종합 10	35	1단계(5배수) : 서류 100% 2단계 : 1단계 성적 70%+면접 30%	국어, 수학(미적분 또는 기하), 영어, 과학탐구 중 3개 과목 등급의 합 4 이내, 탐구는 상위 1과목 반영
부산	고신대학교	없음			
	동아대학교	잠재능력우수자 10 지역인재종합 20 지역인재기회 균형 3 농어촌 2	35	1단계(10배수) : 서류 100% 2단계 : 1단계 60%+ 면접 40% *지역인재기회균형, 농어촌은 서류100%	수능 4개 영역[국어, 수학, 영어, 사회/과학탐구(1개 과목)] 등급 합 6 이내 * 지역인재기회균형, 농어촌은 4개 영역 중 3개 영역 등급의 합 6 이내
	부산대학교	지역인재 30 지역인재 저소득층 5	35	1단계(4배수) : 서류 100% 2단계 : 1단계 성적 80%+면접 20% * 지역인재저소득층은 서류100%	국어, 수학(미적분, 기하 중 택1), 영어, 과학탐구 영역 중 수학 포함 3개 영역 등급 합 4 이내&한국사 4등급 이내 ※ 탐구영역은 2과목 평균
	인제대학교	없음			
	울산대학교	잠재역량 34 지역인재 30 지역인재기초 차상위 3	67	1단계(5배수) : 서류 평가 100% 2단계 : 1단계 성적 50%+면접 50%	국어, 수학(미적분 또는 기하 필수선택), 영어, 과학탐구(2과목 평균) 중 3개 영역 합 4등급 이내, 한국사 4등급 이내, 과학탐구는 서로 다른 2과목(동일 과목 I + II 는 인정하지 않음)의 평균

경남	경상국립대 학교	일반 4 지역 6 기초생활 4 농어촌 4	18	1단계(3배수) : 서류 평가 100% 2단계 : 1단계성적 80%+면접 20%	국어, 수학(미적 또는 기하 중 택1), 영 어, 과탐(2과목 평균, 소수점 절사) 중 수학을 필수 반영하여 3개 영역 합이 6등급 이내
제주	제주대학교	없음			
총합계			1,334		

학생부종합전형은 39개 의대 중 33개 대학에서 실시하며 905명 모집합니다.

전체 학생부종합 모집인원은 학생부교과 모집인원과 비슷하지만 지역인재전형을 제외한 일반
전형 등 인원만 고려한다면 학생부종합전형 모집인원이 훨씬 많습니다.

따라서 지원전략을 수립할 때는 개인별 특성에 따라 이 점을 충분히 고려하여야 합니다.

2025년 전국 의예과 학생부교과 및 학생부종합 지역인재 모집 전체비율

전형구분	전체 인원수	지역인재 전체인원	일반 전형 등(비지역인재) 인원
학생부교과	1,577	1,078	499
학생부종합	1,334	449	885
정시	1,492	364	1,128

학생부종합 일반 전형 등(비지역인재) 인원은 전체 885명중 616명이 수도권대학과 울산대, 한림
대, 순천향대, 인제대에서 모집하므로, 전체의 69%를 수도권과 지방 상위 의과 대학에서 선발한다
고 볼 수 있습니다.

2024학년도부터 자기소개서가 폐지됨에 따라 학생부종합전형의 서류평가는 학생부만으로 평가
합니다.

단계별 전형이 대부분이어서 1단계에서 서류평가를, 2단계는 1단계 성적과 면접 성적을 통해 학
생을 선발합니다.

올해 바뀐 부분을 살펴보면 고려대 학생부종합전형 학업우수형이 서류 100% 일괄전형으로 바뀌
면서 면접이 없어졌습니다.

중앙대도 변화가 있는데 CAU융합형인재는 서류 100%인 일괄전형으로, CAU탐구형인재는 단계
별 전형으로 학생을 모집합니다. (작년과 정반대로 달라진 부분이니 꼭 확인해 주시기 바랍니다.)

[의대 면접 준비 관련한 기본 정보]

교과전형이나 정시전형에서도 면접을 보는 대학이 있습니다. 그러나 학생부종합전형에서는 대다수의 학교가 면접을 봅니다. (서류전형 100% 전형 제외) 면접에 관한 대비 요령에 대해서는 7장에서 자세히 다루도록 하겠습니다.

ㄷ. 2025학년도 전형 Ⅲ – [수시] 논술전형

논술전형 실시대학 현황

지역	대학	전형명	모집인원(명)	전형방법	수능 최저학력기준
서울	가톨릭대 (서울)	논술	19	논술 80+교과 20	국, 수(미/기), 영, 과(절사) 중 3개 합 4등급, 한 4
	경희대	논술우수자	15	논술 100	국, 수, 영, 탐 중 3개 합 4등급, 한 5
	성균관대	논술우수	10	논술 100	국, 수, 영, 탐 중 3개 합 4등급
	중앙대	논술	18	논술 70+교과 20 +출결 10	국, 수, 영, 탐 4개 합 5등급, 한 4 (영어 반영 시 1, 2등급 통합하여 1등급 처리)
인천	인하대	논술우수자	12	논술 70+교과 30	국, 수, 영, 탐 중 3개 각 1등급
	가천대	논술	40	논술 100	국, 수(미/기), 영, 과탐 3개 각 1등급
경기	아주대	논술우수자	20	논술 80+교과 20	국, 수, 영, 탐 4개 합 6등급
강원	연세대 (미래)	논술우수자 (창의인재)	15	논술 100	국, 수(미/기), 과1, 과2 중 3개 1등급, 영 2, 한 4
대구	경북대	논술(AAT)	7	논술 70+교과 30	국, 수(미/기), 영, 과 중 3개 합 4등급 (과탐 포함 필수)
합계			156		

대학별 논술 유형

논술유형	대학
수리논술	가톨릭대(서울), 성균관대, 인하대, 중앙대, 가천대
수리논술+과학선택(물리학, 화학, 생명과학)	경희대, 연세대(미래)
수리논술+생명과학논술	아주대
수리논술+의학논술	경북대

2025학년도 논술전형으로 모집하는 인원은 178명입니다.(2024학년도 대학입학전형시행계획을 기준으로 논술전형 모집인원 116명보다 62명 늘었습니다.)

부산대도 논술 전형을 실시하지만 전체인원 22명이 모두 지역인재전형이어서 앞의 표에 언급하지 않았습니다.

의대 논술고사 시험일은 모두 수능 이후에 실시되므로 정시를 염두에 둔 상태에서 지원하는 경향이 많아 경쟁률이 매우 높은 편입니다.

의학계열 논술전형은 높은 수능 최저학력기준을 적용합니다.

대학수학능력시험 난이도에 따라 논술전형의 수능 최저학력기준 통과율이 영향을 받습니다.

논술전형의 학생부 반영비율은 20~30%로 실질적인 영향력은 낮은 편입니다.

다만 논술고사의 난이도가 고등학교 교육과정 내에서 출제되면서 논술 평균 점수가 높아지고 있으므로 논술 문제의 변별력은 낮아지고 있다는 점도 고려해야 합니다.

따라서 자신의 학생부 교과성적이 지원 대학에서 어느 정도 성적인지 미리 파악하고 지원하는 것이 바람직합니다.

경희대, 성균관대와 가천대, 연세대(미래) 논술전형은 학생부 반영 없이 논술 100%로 선발합니다.

또한 경희대, 성균관대, 아주대, 인하대, 중앙대가 수학 및 탐구 선택과목 제한을 폐지한 것은 올해 논술 전형의 큰 변화입니다.

하지만 미적분 등을 중심으로 한 수리논술을 실시하므로 인문계열을 준비하고 있는 학생은 지원하기 쉽지 않습니다.

ㄹ. 2025학년도 전형 Ⅳ - [정시] 수능 위주 전형

가군

지역	대학명	전형명	가군모집 인원합계	전형방법	수능 필수 응시 영역
서울	가톨릭 대학교	일반전형	37	수능 95%+인적성면접 5%	국어, 수학(미적분/기하), 영어, 과탐(지정과목 없이 2과목), 한국사 * 수능 반영영역 중 한 영역이라도 없는 경우 지원 불가함
	고려대학교	일반전형 27 교과우수전형 12 농어촌전형 3 사회배려전형 2	44	일반전형, 농어촌전형, 사회배려전형 : 수능 100%+면접(배점 없음) 교과우수전형 : 수능 80%+학생부(교과) 20%+면접(배점없음)	국어, 수학, 영어, 과탐(2과목), 한국사 ※ 탐구영역 2개 과목은 동일 분야 ' Ⅰ+Ⅱ'를 인정하지 않음
	연세대학교	일반전형 47 고른기회전형 (연세한마음) 1 고른기회전형 (농어촌학생) 1	49	1단계(2.5배수) : 수능 100% 2단계 : 1단계 성적 90%+면접 10% * 고른기회전형(연세한마음, 농어촌학생)은 1단계에서 3배수	※ 국어, 수학, 영어, 탐구, 한국사, 과학탐구 과목 응시 시 탐구변환점수에 3% 가산점 추가
	한양대학교	일반전형 52	52	수능 100%	국어, 수학, 영어, 탐구(2과목), 한국사
경기	성균관 대학교	일반전형 50	50	수능 100%+면접	국어, 수학, 영어, 탐구(2과목) 한국사
인천	가천대학교	일반전형 40	40	수능 100%	국어, 수학(기하, 미적분), 영어, 과탐(2과목), 한국사
	인하대학교	일반 40	40	수능 100%	국어, 수학, 영어, 탐구, 한국사 ※ 수학 미적분, 기하 응시자의 경우 수학 표준점수의 3% 가산점 ※ 탐구 선택과목 중 과학탐구 응시자의 경우 과목별 변환표준점수의 3% 가산점 부여(탐구는 2과목 평균 반영)
강원	강원대학교	일반 15 지역인재 10	25	수능 100%	국어, 수학, 영어, 과탐(2과목) * 수학(미적분, 기하)에 가산점 10% 적용

지역	대학명	전형명	모집 인원합계	전형방법	수능 필수 응시 영역
대전	건양대학교	일반학생 14	14	수능 100%	국어, 수학, 영어, 과탐(2과목 평균), 한국사 * 선택과목에 따른 가산점 없음
광주	전남대학교	수능일반 20 지역인재 24	44	수능 100%	국어, 수학(미적분/기하 중 택1), 영어, 한국사, 탐구(과탐 2과목) 영역
대구	경북대학교	일반 22 지역 6	28	수능 100% 인적성면접(합불)	국어, 수학, 영어, 탐구(과탐 1과목당 5% 가산점) 한국사 등급별 가점
부산	동아대학교	일반학생 20 지역인재 20	40	수능 100%	수능 4개 영역[국어, 수학, 영어, 사회/과학탐구(2개 과목)], 선택과목과 관계없이 모두 인정함
부산	인제대학교	수능 18 지역인재 22	40	수능 100%, 면접(합불)	국어, 수학(1과목, 미적분/기하), 과탐(2과목 표준점수 합산), 영어, 한국사
부산	울산대학교	수능 10	10	수능 100%, 인적성면접(합/불 판정)	국어, 수학(미적분 또는 기하 필수선택), 영어, 과학탐구(서로 다른 2과목 필수선택, 동일과목 Ⅰ+Ⅱ는 인정하지 않음), 한국사 반영(1% 반영비율)
경남	경상국립대학교	일반 11 지역 35	46	수능 100%	국어, 영어, 수학, 탐구, 과탐 반영, 수학(미적분, 기하 중 택1) 반영 가산점 : 과탐Ⅰ, Ⅱ/Ⅱ, Ⅱ 2과목 응시자 5% 가산점 부여
총합계			559		

나군

지역	대학명	전형명	나군모집 인원합계	전형방법	수능 필수 응시 영역
서울	경희대학교	수능 위주 44 기회균형 (농어촌학생) 1	45	수능 100%	국어, 수학, 사탐/과탐(2과목), 영어, 한국사 ※ 과탐응시자는 탐구영역 백분위 변환표준점수 성적에 과목당 4점씩 가산됨

대학교	전형/인원	인원	전형방법	수능 반영영역
서울대학교	지역균형전형 10 일반전형 29 기회균형특별전형 (농어촌) 1 기회균형특별전형 (저소득) 2	42	지역균형전형 : 수능 60%+교과평가 40%, 적성인성면접 일반전형 : - 1단계(2배수) : 수능 100% - 2단계 : 1단계 성적 80%+교과평가 20%, 적성인성면접 기회균형특별전형(농어촌·저소득) : 수능 100%, 적성인성면접	지역균형전형, 일반전형 : 국어, 수학, 영어, 한국사, 과탐 ※ 수학 : 미적분/기하 중 택1 ※ 탐구 : 과탐 8과목 중 택2, Ⅰ+Ⅰ, Ⅰ+Ⅱ, Ⅱ+Ⅱ 3개 조합 중 선택. 단, '물리학Ⅰ, 물리학Ⅱ, 화학Ⅰ, 화학Ⅱ' 중 1개 과목 이상 반드시 응시해야 함. 단, Ⅰ+Ⅱ 조합으로 응시할 경우 서로 다른 분야의 과목을 응시해야 함. 과학탐구Ⅱ 선택 시 조정점수를 부여함 기회균형특별전형(농어촌·저소득) : 국어, 수학, 영어, 탐구(2개 과목 등급 평균) 4개 영역 중 3개 영역 등급 합이 7등급 이내 ※ 수학 : 미적분/기하 중 택1 ※ 탐구 : 과탐 8과목 중 택2, Ⅰ+Ⅰ, Ⅰ+Ⅱ, Ⅱ+Ⅱ 3개 조합 중 선택. 단, '물리학Ⅰ, 물리학Ⅱ, 화학Ⅰ, 화학Ⅱ' 중 1개 과목 이상 반드시 응시해야 함. 단, Ⅰ+Ⅱ 조합으로 응시할 경우 서로 다른 분야의 과목을 응시해야 함. 과학탐구Ⅱ 선택 시 조정점수를 부여함
이화여자대학교	자연 50 인문 8	58	수능 100%	인문 : 국어, 수학, 탐구(사/과 중 택2), 영어 자연 : 국어, 수학, 탐구(사/과 중 택2), 영어 ※ 인문·자연 응시지정영역은 같지만, 과목별 반영 비율이 다름 ※ 자연계열 과탐 동일 과목 Ⅰ+Ⅱ 선택 가능함. (예시) 지구과학Ⅰ+지구과학Ⅱ 가능 ※ 자연계열 과탐 가산점 : 과탐 1과목당 변환표준점수의 6%를 가산점으로 부여함
중앙대학교	일반 42	42	수능 100%	국어, 수학, 영어, 탐구(2과목), 한국사

경기	아주대학교	일반전형1 50 농어촌학생전형 1	51	수능 95%+면접 5%	국어, 수학, 영어, 탐구, 한국사 ※ 수학 : 선택과목 제한 없음, 미적분/ 기하 선택 시 가산 ※ 탐구 : 과탐, 사탐 중 택2, 과탐 선택 시 가산
강원	연세대학교 (미래)	일반전형 21	21	수능 100%	국어, 수학(미적분/기하 중 택 1), 영어, 과탐(2과목), 한국사 * 과탐은 동일 과목 Ⅰ, Ⅱ 선택 불가
	한림대학교	일반 35	35	1단계(5배수) : 수능 100% 2단계 : 1단계 성적 90%+면접 10%	국어, 수학(미적분/기하), 과탐(2과목 평균), 영어, 한국사
충북	건국대학교 (글로컬)	일반 20 지역인재 22	42	수능 100%	국어, 수학(미적분 또는 기하 중 택1), 영어, 과탐(2과목 평균), 한국사
	충북대학교	일반 25 지역 41	66	수능 100%	국어, 수학(미적분, 기하 중 택 1), 영어, 과탐(2과목), 한국사
대전	을지대학교	일반전형Ⅱ 15	15	수능 100%	국어, 수학, 영어, 탐구(과탐 2과목 필수) * 한국사 가산점 부여
	충남대학교	일반 13 지역인재 27	40	수능 100%	국어(화법과 작문/언어와 매체), 수학 (미적분/기하), 영어, 한국사, 탐구(과 탐 2과목) 영역
전북	원광대학교	일반 22	22	수능 100%	국어, 수학(미적분 또는 기하), 영어, 과 탐(2개 과목), 한국사
	전북대학교	일반학생 31 지역인재2 (전북권) 37	68	수능 100%	국어, 수학(미적분, 기하 중 택1), 영어, 한국사, 탐구(과학탐구 2개 과목)
광주	조선대학교	일반 24 지역인재 28	52	수능 100%	국어, 수학, 영어, 과탐, 한국사 - 수학(미적분/기하 택1) 의무반영, 과 탐은 우수한 1과목만 반영
대구	영남대학교	일반학생 18 지역인재 22	40	수능 100%	국어, 수학, 영어, 과학탐구(2개 과목), 한국사 ※ 탐구영역은 2개 과목에 반드시 응시 해야 하며, 2개 과목의 백분위 평균

지역	대학명	전형명		전형방법	수능 필수 응시 영역
부산	고신대학교	일반 10	10	수능 100%	국어, 수학(미적분, 기하), 영어, 과탐(2과목) - 과탐 동일과목 Ⅰ, Ⅱ 선택 불가
	부산대학교	수능 33 지역인재 26	59	수능 80%+학업역량 평가 20%	국어, 수학국어, 수학(미적분, 기하 중 택1), 영어, 과학탐구, 한국사 ※ 탐구영역 과목은 지원자가 자유 선택하되 반드시 2과목을 응시해 평균
제주	제주대학교	일반학생 21 지역인재 14	35	수능 100%	국어, 수학(미적분, 기하), 영어, 과탐(2개 과목) 과학탐구 2과목 평균, 한국사 필수 응시
총합계			743		

다군

지역	대학명	전형명	다군모집 인원합계	전형방법	수능 필수 응시 영역
강원	가톨릭관동 대학교	일반 33	33	수능 100%+한국사 가산점	국어, 수학, 영어, 탐구 - 한국사 가산점 - 탐구영역은 2과목(사회·과학)의 평균을 반영 - 가중치(① or ②) 　① 과학탐구 2개 과목 선택 시 2개 과목 평균 백분위의 5% 　② 과학탐구 선택 2개 과목 중 화학 Ⅱ 또는 생명과학Ⅱ에 응시한 경우 2개 과목 평균 백분위의 7%
충남	단국대학교	수능 40	40	수능 100%	국어, 수학(미적분/기하), 영어, 과탐 ※ 한국사 가산점 부여(필수 응시), 과학탐구 2과목 필수 응시
	순천향 대학교	일반학생 30	30	수능 100%	국어, 수학, 영어, 탐구(2개 평균 반영) 영역 모두 반영 ※ 수학 미적분/기하학 : 10% 가산점, 과탐 : 10% 가산점
대구	계명대학교	일반 20 지역 20 농어촌 3 기회균형 2	45	수능 100%	국어, 수학, 영어, 과탐(2개 과목) - 한국사 : 필수 응시 및 가산점 부여 - 수학 미적분 또는 기하 및 과탐 2개 과목 필수 * 농어촌, 기회균형은 수학 미적분 또는 기하, 한국사 필수(과탐 2과목은 필수 아님)

					국어, 수학, 영어, 과탐(2과목), 한국사
	대구가톨릭 대학교	일반 18	18	수능 100%	- 수학 선택과목(미적분 또는 기하) 선택 필수 - 탐구영역은 과학탐구 선택 필수 ※ 과학탐구 2과목 평균 반영 - 한국사 등급별 가산점 부여
경북	동국대학교 (WISE)	수능 14 지역인재 2	16	수능 100%	국어, 수학, 영어, 과탐(2개 과목), 한국사 - 수학영역은 미적분, 기하 중 선택 반영 - 과탐Ⅱ 과목 5% 가중치 반영(가중치는 해당과목만 반영) - 한국사 가산점 부여
부산	고신대학교	지역인재 8	8	수능 100%	국어, 수학(미적분, 기하), 영어, 과탐(2과목) - 과탐 동일과목 Ⅰ, Ⅱ 선택 불가
총합계			190		

정시모집은 1,492명을 모집합니다. (2024학년도 모집인원 1,144명보다 348명 증가하였습니다.)

모집군별로는 가군 15개 대학 559명을 모집하며, 나군은 18개 대학 743명, 다군은 7개 대학 190명을 모집합니다.

정시모집은 대부분 수능 100%로 학생을 선발합니다.

2025년 의대입시에서 면접를 진행하는 대학은 39개 대학 중 34개 대학입니다.

순천향대, 이화여대, 충북대, 한양대, 제주대 5개 대학은 면접고사를 보지 않습니다. 나머지 대학은 수시든 정시든 하나 이상의 전형에서 면접을 진행합니다.

대부분 대학에서 의예과는 다른 전공학과와 달리 별도의 방식으로 면접을 진행하는 경우가 많습니다. 모집 요강부터 의예과 면접을 따로 표기합니다. 타 과에 비해 인적성 면접의 비중이 높고, 다중미니 면접처럼 새로운 형식의 면접을 도입하는 추세인데, 생명을 다루는 의사를 양성하는 만큼 단순 학업 성적뿐만 아니라 인적성을 두루 갖춘 인재를 선발하기 위함입니다.

학생부교과전형에서 면접을 보는 곳은 11개 대학으로 고신대, 영남대, 대구가톨릭대, 계명대, 을지대, 건양대, 건국대(글로컬), 연세대(미래), 가톨릭대입니다. 다만 같은 수시 교과라고 하더라도 세부 전형에 따라 면접 실시 여부가 달라지니 주의해야 합니다.

학생부 종합은 39대 대학 중 28개 대학에서 면접을 진행합니다. 다른 전형에 비해 면접을 가장 많이 보며, 면접 점수의 비중 또한 비교적 높은 편입니다.

정시에서 면접을 보는 대학은 가톨릭대, 고려대, 서울대, 연세대, 성균관대, 아주대, 한림대, 경북대, 인제대, 울산대 10개교입니다. 정시에서는 면접 점수를 단순히 합격/불합격의 기준으로 삼는 경우가 많습니다. 10개 대학 중 6개 대학이 면접 결과를 합/불 기준으로 삼고, 가톨릭대, 아주대, 연세대, 한림대 4개교는 면접 결과를 전체 성적의 일정 비율로 반영합니다.

수능영역별 반영비율은 수학과 과학탐구 영역이 높습니다.

이화여대는 인문계열을 별도로 모집하지만, 선택과목 제한이 없어 자연계열 학생 지원도 가능합니다. 영어영역 성적은 대학마다 설정한 등급별 환산점수를 반영하거나 가산 혹은 감산합니다.

강원대, 경상국립대, 경희대, 아주대, 연세대, 이화여대, 인하대, 중앙대 등은 미적분이나 기하, 과탐 선택 시 가산점을 부여합니다.

조선대는 유일하게 탐구영역에서 과탐 1과목을 반영합니다.

이제까지 전형별 각 대학의 기본 정보를 확인해 보았습니다.

다음 장부터는 특정 주제를 기준으로 전형별 접근 방법과 대비 전략을 기술하였습니다. 관심 있는 주제를 기준으로 하나씩 확인해 보시기 바랍니다.

2장

수도권 의대
VS
지방 의대

필수! 확대된 지방 의대 진학 기회

올해 의대 증원과 함께 의대입시에서 지역인재전형은 많은 수가 늘었습니다. 지방 학생들에게는, 타 지역 경쟁자가 진입할 수 없는, 지역인재전형을 통한 지방 의대 진학의 길이 확대된 것이죠.

물론 지방 의대는 인프라 측면에서 수도권에 비해 다소 열악하고, 졸업 후 대형병원 진출에서 불리할 수 있다는 인식도 있습니다. 그러나, 근래에는 의료 분야의 특정 전공이 인기가 높아짐에 따라 대학보다는 어떤 전공과를 선택하느냐가 더 중요한 시대가 됐습니다. 또한, 좋은 의사가 되기 위해서는 어느 대학 출신인지 여부보다는 자기 전문 분야에 대한 실력이 중요하며, 인맥과 지역 내 평판 같은 다양한 사회적 관계도 무시할 수 없습니다.

게다가, 지방 의대가 있는 대학교는 대부분 그 지역을 대표하는 명문 대학으로, 지역의 의료기관과 긴밀한 협력 관계를 맺고 있는 경우가 많습니다. 그런 이유로 지역 사회에서 다양한 지원을 받고 경험과 인맥을 쌓을 기회가 상대적으로 많으며, 지역 의료 발전에 기여할 수 있는 길이 열려 있습니다.

이렇듯 지방 의대가 갖고 있는 메리트 역시 분명합니다. 따라서, 올해 새로워진 지역인재전형 확대를 적극적으로 이용하기 위한 전략을 짜는 것이 중요한 시점입니다. 지금부터 지역인재현황을 살펴보고 무엇을 준비해야 하는지 확인해 보겠습니다.

수도권에 병원 인프라가 있는 지방 의대(삼룡이(?))

본교는 지방이지만 수도권에 병원 인프라를 갖추고 있어 다양한 임상 기회를 쌓을 수 있는 지방 의대들은 이전부터 수도권 의대 못지않은 관심을 받아왔습니다.

순천향대, 인제대, 한림대와 같은 대학의 경우, 본교는 수도권을 벗어나 있지만 졸업 후 인턴이나 레지던트 과정은 서울 등 수도권의 대형병원에서 밟을 수 있기 때문에 이 세 의대를 다른 지방대 의대들과는 다른 카테고리로 인식하는 경향이 있습니다.

실제 본교의 위치를 보면 순천향대는 천안, 한림대는 춘천, 인제대는 부산이지만 이들 대학이 운영하는 병원은 수도권에 집중되어 있습니다. 순천향대의 경우 천안병원 외에도 서울병원과 부천병원, 구미병원을, 한림대는 춘천병원 외에도 서울에만 두 곳의 성심병원을 비롯해 안양 평촌과 화성 동탄에 병원을 두고 있습니다. 인제대 역시 서울 노원구, 경기 고양 일산에 백병원을 부산의 2곳 외에도 운영 중입니다. 이처럼 교육과 실습이 이뤄지는 곳이 수도권과 밀접하게 연계되어 있다는 점이 이들 의대가 갖는 매력으로 작용하여 흔히 '삼룡이'라고 불리고 있습니다.

물론, 울산 의대 같은 경우는 지방 의대이지만 서울에 아산병원을 두고 있어 5대 메이저 의대 중의 하나로 인식됩니다.

의과 대학 지역별 현황

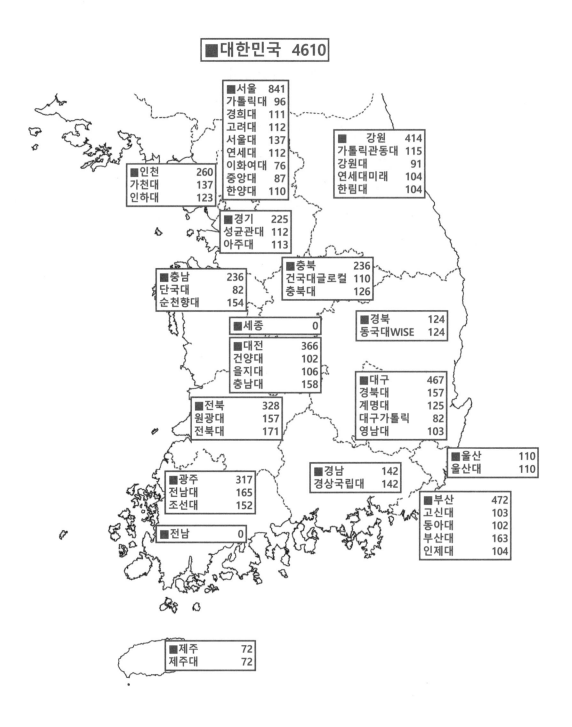

■대한민국 4610

■서울 841
가톨릭대 96
경희대 111
고려대 112
서울대 137
연세대 112
이화여대 76
중앙대 87
한양대 110

■ 강원 414
가톨릭관동대 115
강원대 91
연세대미래 104
한림대 104

■인천 260
가천대 137
인하대 123

■경기 225
성균관대 112
아주대 113

■충남 236
단국대 82
순천향대 154

■충북 236
건국대글로컬 110
충북대 126

■세종 0

■경북 124
동국대WISE 124

■대전 366
건양대 102
을지대 106
충남대 158

■대구 467
경북대 157
계명대 125
대구가톨릭 82
영남대 103

■전북 328
원광대 157
전북대 171

■울산 110
울산대 110

■광주 317
전남대 165
조선대 152

■경남 142
경상국립대 142

■부산 472
고신대 103
동아대 102
부산대 163
인제대 104

■전남 0

■제주 72
제주대 72

의과대학의 전국 분포와 2025학년도 모집인원은 옆 그림과 같습니다.

전국 의과대학에서 의대 수 기준으로(39개 중 12개) 약 30%가 수도권에, 70%가 지방에 위치하고 있습니다. 모집인원 수 기준으로는 수도권 1,326명(29%), 비수도권 3,284(71%)명으로 전체 4,610 명을 뽑습니다.

수도권 및 지방 의과대학 분포와 입학정원(2025학년도)

구분	대학 수	모집인원 수
수도권	12(30%)	1,326(29%)
비수도권	27(70%)	3,284(71%)
전체	39	4,610

지역별 의대입시 전형

다음은 지방 의대의 지역 권역별 입시 전형 모집 인원입니다.

지역	학생부교과	학생부종합	논술	정시	기타(재외국민 등)	권역별 소계
강원권	124	155	15	114	6	414
충청권	360	224	0	247	7	838
호남권	342	117	0	186	0	645
대구·경북권	272	163	7	147	2	591
부산·울산·경남권	334	155	22	213	0	724
제주권	37	0	0	35	0	72
합계	1,469	814	44	942	15	3,284

수도권 대학과 달리 지방 의대에서는 과반 이상을 지역인재 관련 전형으로 학생을 선발합니다. 다음 표는 각 대학별 지역인재 선발 인원 수를 계산한 것입니다. 지방 의대의 경우 지역인재전형을 통해 해당 지역 학생들에게 더 많은 기회를 제공하고 있는 것을 알 수 있습니다. 27개 대학 중 22개 대학이 50% 이상을 지역인재로 선발하고, 이중에서 가장 비율이 높은 전남대학교는 전체 모집인원 수의 78.8%를 지역인재로 선발합니다.

지역	대학	전체 모집인원	학생부교과 지역인재 인원(비율)	학생부종합 지역인재 인원(비율)	논술 지역인재 인원(비율)	정시 지역인재 인원(비율)	합계 지역인재 인원(비율)
강원	가톨릭 관동대학교	115	40(55.6)				40(34.8)
	강원대학교	91	25(69.4)	20(66.7)		10(15.2)	55(60.4)
	연세대학교 (미래)	104		30(57.7)			30(28.8)
	한림대학교	104		22(32.4)			22(21.2)

충북 대전 충남	건국대학교 (글로컬)	110	18(78.3)	26(65)		22(34.9)	66(60)
	충북대학교	126	35(68.6)			41(68.3)	76(60.3)
	건양대학교	102	68(77.3)				68(66.7)
	을지대학교	106	65(73)				65(61.3)
	충남대학교	158	41(67.2)	25(43.9)		27(22.9)	93(58.9)
	단국대학교	82					0(0)
	순천향 대학교	154	36(75)	60(78.9)			96(62.3)
전북 광주	원광대학교	157	48(100)	54(62.1)			102(65)
	전북대학교	171	74(75.5)			37(35.9)	111(64.9)
	전남대학교	165	106(98.1)			24(19.8)	130(78.8)
	조선대학교	152	72(81.8)			28(28)	100(65.8)
대구 경북	경북대학교	157	31(100)	58(63.7)		6(4.7)	95(60.5)
	계명대학교	125	32(58.2)	20(80)		20(25)	72(57.6)
	대구가톨릭 대학교	82	40(76.9)	12(100)			52(63.4)
	영남대학교	103	40(63.5)			22(34.9)	62(60.2)
	동국대학교 (WISE)	124	49(69)	25(71.4)		2(1.9)	76(61.3)
부산 경남	고신대학교	103	52(61.2)			8(9.4)	60(58.3)
	동아대학교	102	27(100)	23(65.7)		20(32.3)	70(68.6)
	부산대학교	163	30(63.8)	35(100)	22(100)	26(25)	113(69.3)
	인제대학교	104	33(51.6)			22(34.4)	55(52.9)
	울산대학교	110	33(100)	33(49.3)			66(60)
	경상국립 대학교	142	62(79.5)	6(33.3)		35(36.5)	103(72.5)
제주	제주대학교	72	21(56.8)			14(37.8)	35(48.6)
합계		3,284				1,913	58.2%

지역인재전형은 의대입시에서 큰 비중을 차지하는 만큼, 지역 고교 수험생들은 필수적으로 본인이 이 전형의 지원 자격요건을 충족하는지 먼저 확인해야 합니다.

지역인재전형의 지원 자격은 대체로 해당 권역 소재 중학교와 고등학교에서 모든 교육과정을 이수한 학생으로 한정됩니다. 권역으로는 강원권, 대구/경북권, 부산/울산/경남권, 충청권(대전, 세종, 충남, 충북), 호남권(광주, 전남, 전북), 제주권 등으로 나뉩니다.

지역인재전형에 해당하는 학생들은 같은 권역의 학생들과만 경쟁하면 되기 때문에 상대적으로 유리한 입장에 있다고 볼 수 있습니다. 또한 정부에서 의대 정원을 1,594명 늘리면서 지역 인재 비율이 더욱 높아졌습니다.

다만 지역인재전형에 해당한다고 해서 무조건 이 전형으로만 지원해야 하는 것은 아닙니다. 대부분의 대학에서는 지역인재전형과 더불어 일반전형(전국단위)도 함께 실시하고 있으므로, 수험생 본인의 성적과 역량을 고려하여 어떤 전형이 더 유리할지 종합적으로 판단해야 합니다.

각 권역별 일반전형, 즉 전국에서 지원할 수 있는 정원 수(전국단위 선발인원)과, 해당 권역에서만 지원가능한 정원 수(지역인재 선발인원)는 다음과 같습니다.

지역	전체 선발인원	전국단위 선발인원	지역인재 선발인원	지역인재 선발비율
강원권	414	267	147	35.51
충청권	838	374	464	55.37
호남권	645	202	443	68.68
대구·경북권	591	234	357	60.41
부산·울산·경남권	724	257	467	64.5
제주권	72	37	35	48.61

반복적으로 이야기하지만, 지역인재전형은 전국 단위도, 도 단위도 아닌 '권역' 단위로 경쟁이 이뤄진다는 것을 염두에 두는 것이 중요합니다. 앞의 권역별 선발인원 통계가 권역 내 합격 정원 수와 잠재 경쟁자의 수를 가늠하기에 많은 도움이 될 것입니다.

먼저, 지역인재 선발인원의 숫자들을 유념하여 보십시오. 이 숫자들이 바로 여러분이 속한 권역의 지역인재 선발 인원입니다. 그 다음에는 여러분이 속한 권역의 명문 고등학교들을 떠올려보세요. 이 고등학교들에서 최상위권 학생, 의대 진학 가능권의 학생 수를 대략 가늠해보십시오. 이 학생들과 여러분은 저 지역인재 선발인원 안에 들 수 있기 위해 경쟁하게 되는 것입니다.

지역인재전형 입시 전략

지역인재전형을 효과적으로 이용하기 위해서는 먼저 내가 **지원가능한 권역에 대한 정확한 이해**가 선행되어야 합니다.

서울과 수도권(경기도와 인천)은 지역인재전형이 없습니다.

그래서 서울 대치동에서 부산 해운대나 전북 전주로 이사 가는 것을 고민하는 강남 엄마들이 늘어날 정도입니다. 그 고민의 옳고 그름을 떠나, 강남의 교육 환경을 포기하고 어릴 때부터 지방으로 이사 가는 것을 고민해볼 만큼 지역전형의 매리트가 크다는 얘기입니다. '지방 대학 및 지역 균형 인재 육성에 관한 법률'에 의거, 강원도(강원권)와 제주도(제주권)는 모집인원의 20% 이상, 대전, 충남, 충북(충청권), 광주, 전남, 전북(호남권), 대구, 경북(대구·경북권), 부산, 울산, 경남(부산·울산·경남권) 지역은 모집인원의 40% 이상을 자기 지역에서 선발해야 합니다. 모집인원이 100명이면 최소 40명은 자기 지역에서 선발해야 하는 셈이죠. 가장 경쟁이 치열한 서울 지역을 피해 의대 진학이 가능하다는 것만으로도 꽤 위안이 되는 부분이 있습니다. 물론, 정시에 배분된 인원에 대해서는 전국에 있는 모든 학생이 수능을 통해 경쟁하기는 합니다.

나만이 이용할 수 있는 전형이 있는데 그걸 무시한 채 입시를 준비하는 건 아쉬운 접근일 것입니다. 따라서 내가 속한 지역인재전형의 권역과 해당 대학의 인원을 명확하게 알고 접근해야 합니다.

다음으로는 **학생부종합전형(학종)과 학생부교과전형(교과)의 차이**를 정확하게 알아야 합니다.

교과전형과 학종의 결정적 차이는 내신을 반영하는 방법의 차이입니다. 엄밀하게 현실적으로 보자면 학종은 고등학교의 종류와 교육과정의 차이를 인정하는 제도입니다. 그에 반해 교과전형은 오로지 각 교과의 평균 등급과 성취도(A, B, C) 위주로만 반영합니다. 좀 더 쉽게 설명하자면 다음과 같습니다.

의학계열 교과와 학종은 다음과 같은 차이가 있습니다.

첫째, 내신 반영 '과목'이 다릅니다.

교과전형은 주요과목 위주로 내신을 반영하고 학종은 전 과목을 반영합니다.

내신이 다 좋은데, 마이너 과목이라 신경쓰지 않았던 기술이나 가정 등의 1과목 성적이 좋지 않은 경우, 교과전형에는 문제가 없지만 학종에는 치명적일 수 있습니다.

흔히, 교과전형과 학종의 차이를 비교과(출결 등)의 차이로, 즉, 자신의 학생부에서 비교과가 좋지 않으면 교과전형을, 비교과까지 좋으면 학종을 지원한다고 생각하는 경우가 많습니다. 그러나, 사실상 합격의 여부는 학종에서도 비교과보다는 교과가 더 중요합니다. 왜냐하면, 의대지원자들의 비교과 영역은 거의 변별력이 없기 때문입니다.

둘째, 내신 반영 '방법'이 다릅니다.

교과전형은 내신 등급만 반영합니다. 즉, 같은 고등학교 내에서 100점 1등급과 90점 1등급은 동점으로 처리됩니다. 또한, 학교 간의 차이도 인정하지 않습니다. 외대부고 1등급과 한성과학고 1등급은 동점이고, 전주에 있는 상산고 1등급과 나비축제로 유명한 함평에 위치한 함평고 1등급도 동점입니다.

컴퓨터가 과목별 등급만을 추출하여 단위수를 곱한 평균 등급을 내고, 그 순서대로 합격자를 발표하기에 자사고나 소위 명문고 학생들에게는 불리하게 작용되는 조건입니다. 이런 부분 때문에 '의대 교과전형은 일반고에게 유리하다'는 말이 나오게 되었습니다.

교과전형과 달리, 학종은 등급만이 아니라 원점수와 평균, 표준편차를 종합적으로 평가합니다. 즉, 같은 1등급이어도 평균과 원점수, 표준편차를 고려해서 우열을 가립니다. 1등급에 속하는 것도 중요하지만 그보다는 원점수를 1점이라도 더 받는 게 훨씬 의미있는 것이죠.

예를 들어, 수학 90점, 국어 90점으로 1등급 최하위인 학생보다 수학은 100점으로 1등급이고 국어는 88점으로 아깝게 2등급 받은 학생이 더 높게 평가받을 수도 있습니다.

또한, 원점수로는 100점을 받았어도 평균이 80점인 학교의 100점과 평균이 50점인 학교의 100점은 다르게 평가됩니다. 당연히 평균이 50점인 학교의 100점이 더 높게 평가받습니다.

거기에 더해, 수학이 학교에서 1등이고, 국어 2등급 받은 학생과 수학이 2등급이고 국어가 100점으로 1등인 학생 중에 대부분의 의대는 수학이 1등인 학생을 선호합니다.

그런데 교과전형에서는 이 둘의 차이를 알 수 없습니다.

지역인재 교과 분석 – "지역인재전형은 교과전형이 72%"

지역인재전형은 학종이 아니라 교과전형 중심입니다. 비교과 부분보다는 내신과 수능 최저 준비에 더 많은 시간을 할애해야 합니다. 지연인재전형으로 학종을 준비하고 있는 학생이라도 마찬가지입니다.

각 권역별 지역인재 교과전형을 세부적으로 살펴보면 다음과 같습니다.

강원권 지역인재 교과전형

권역	대학명	지역인재 교과전형명	지역인재 교과전형 인원합계	전형방법	수능 최저학력기준
강원	가톨릭 관동대학교	지역인재 37 지역기회균형 3	40	학생부 교과 100%	국어, 영어, 수학(미적분, 기하 중 택1), 과탐(2개 과목 등급 평균, 소수점 이하 버림) 중 상위 3개 영역 등급의 합이 5 이내
	강원대학교	지역인재 23 저소득-지역인재 2	25	학생부 교과 100%	국어, 수학, 영어, 과탐(1과목) 중 3개 영역(필수반영 : 수학, 과탐)의 합이 6등급 이내 * 저소득-지역인재 : 합이 8등급 이내

대전·충정권 지역인재 교과전형

권역	대학명	지역인재 교과전형명	지역인재 교과전형 인원합계	전형방법	수능 최저학력기준
대전 충청	건국대학교 (글로컬)	지역인재 15 지역인재 (기초차상위) 3	18	1단계(5배수) : 학생부 교과 100% 2단계 : 1단계 성적 70%+면접 30%	국어, 수학(미적분 또는 기하 중 택1), 영어, 과탐(2과목 평균, 소수점 절사) 중 상위 3개 영역 합이 4등급 이내, 한국사 4등급 이내 * 지역인재(기초차상위) : 합이 5등급 이내
	충북대학교	지역인재 32 지역경제배려 대상자 3	35	학생부 교과 100%	국어, 수학(미적 또는 기하 중 택1), 영어, 과탐(1과목) 중 상위 3개 영역 합이 5등급 이내(수학 필수 반영) * 지역경제배려대상자 : 합이 6등급 이내

건양대학교	지역인재(최저) 50 지역인재(면접) 15 지역인재(기초) 3	68	1단계(5배수) : 학생부 교과 100% 2단계 : 1단계 80%+면접 20% * 지역인재(면접) : 1단계(3배수)	국어, 수학, 영어, 과탐(2과목 평균, 소수점 절사) 중 3과목 선택 합 4등급 * 지역인재(기초) : 합 5등급 * 지역인재(면접) : 없음
을지대학교	지역의료인재 62 기회균형Ⅱ 3	65	학생부(교과) 95%+인성면접 5%	국어, 수학, 영어, 과학탐구(1개 과목) 4개 영역 등급 합이 6 이내, 과학탐구 2개 과목 응시 필수 * 기회균형Ⅱ는 합이 4
충남대학교	지역인재 37 지역인재저소득 4	41	학생부 교과 100%	국어, 영어 및 과학탐구(2과목 평균) 중 상위 2과목과 수학(미적분, 기하) 합산 4등급 이내 * 지역인재저소득은 합산 6등급
순천향 대학교	지역인재 36	36	학생부 교과 100%	수능 국어, 수학, 영어, 탐구 4개 영역 등급 합 6 이내, 탐구(사회/과학) 영역 우수 1개 과목 반영

광주·전라 지역인재 교과전형

권역	대학명	지역인재 교과전형명	지역인재 교과전형 인원합계	전형방법	수능 최저학력기준
광주 전라권	원광대학교	지역인재교과 (전북) 32 지역인재교과 (호남) 16	48	학생부 100%	국어, 수학, 영어, 과학탐구(2과목 평균) 중 수학 포함 3개 영역 등급의 합이 5 이내
	전북대학교	지역인재1 (호남권) 14 지역인재2 (전북권) 56 지역인재기회균형 (호남권) 4	74	1단계(3배수) : 서류평가 100% 2단계 : 1단계 성적 70%+면접 30%	국어, 수학(미적분, 기하 중 택1), 영어, 과학탐구 영역 중 수학 포함 4개 영역 등급 합 6
	전남대학교	지역인재 102 지역균형 4	106	학생부 100%	수학포함 3개 영역 합 5등급 이내, 탐구 2과목 평균 ※ 기하 또는 미적분 중 택1, 과학탐구 2과목 필수 응시 * 지역균형은 6등급

| | 조선대학교 | 지역인재 68
지역기회균형 4 | 72 | 학생부 교과 100% | 국어, 수학(미적분/기하 택1), 영어,
탐구(과학 1과목) 중 3개 영역의 합
이 5등급 |

대구 · 경북권 지역인재 교과전형

권역	대학명	지역인재 교과전형명	지역인재 교과전형 인원합계	전형방법	수능 최저학력기준
대구 경북권	경북대학교	지역인재 28 지역인재기초 생활자 3	31	학생부 교과 80%+ 서류평가(교과이수 충실도) 20%	국어, 수학(미적분/기하 중 택1), 영어 중 상위 2개 등급과 탐구영역(2과목 평균, 소수점 반올림) 등급 합 4 이내 * 지역인재기초생활자는 등급 합 5
	계명대학교	지역 29 지역기회균형 3	32	1단계(10배수) : 학생부 100% 2단계 : 1단계 성적 80%+면접 20%	상위 3개 영역의 등급 합이 3 이내 - 필수 응시 : 수학(미적분 또는 기하), 과탐 2개 과목, 한국사 * 지역기회균형은 등급 합 5
	대구가톨릭 대학교	지역교과 38 지역기회균형 2	40	1단계(5배수) : 학생부 교과 100% 2단계 : 1단계 점수 80%+면접고사 20%	수능 3개 영역 등급합 4 이내, 탐구영역은 과학탐구 2과목 응시 필수, 2과목 평균 반영(소수점 절사)
	영남대학교	지역인재 37 기회균형 II (의약) 3	40	학생부 성적 100%	국어, 수학, 영어, 과학탐구(2개 과목) 4개 영역 등급 합이 5 이내, 한국사 4등급 이내
	동국대학교 (WISE)	지역인재교과 30 지역인재 경북교과 16 기회균형 I 지역인재 3	49	학생부 성적 100%	국어, 수학(미적분 또는 기하), 과학탐구 등급의 합 4 이내 * 기회균형 I (지역인재)는 등급 합 5

부산·울산·경남권 지역인재 교과전형

권역	대학명	지역인재 교과전형명	지역인재 교과전형 인원합계	전형방법	수능 최저학력기준
부울경권	고신대학교	지역인재 50 지역인재 기회균형 2	52	1단계(10배수) : 학생부 교과 100% 2단계 : 1단계성적 90%+면접 10%	국어, 수학(미적분/기하), 영어, 과탐(1과목) 4개 영역 중 수학 포함한 3개 영역 등급 합 4 이내["확률과통계" 선택 시 국어, 수학, 영어, 과탐(1) 4개 영역 중 수학영역 포함 3개 영역 등급 합 3]
	동아대학교	지역인재교과 27	27	학생부 교과 80%+서류(학생부) 20%	수능 4개 영역[국어, 수학, 영어, 사회/과학탐구(1개 과목)] 등급의 합 6 이내
	부산대학교	지역인재 30	30	학생부 교과 80%+학업역량평가 20%	국어, 수학(미적분, 기하 중 택1), 영어, 과학탐구 영역 중 수학 포함 3개 영역 등급 합 4 이내&한국사 4등급 이내
	인제대학교	지역인재Ⅰ 30 지역인재기초생활수급권자 3	33	1단계(5배수) : 학생부 교과 100% 2단계 : 1단계 성적 80%+면접 20%	국어, 영어, 수학(미적분 또는 기하 중 택1), 과학탐구(1과목) 각 등급이 2등급 이내
	울산대학교	지역교과 33	33	1단계(5배수) : 서류평가 100% 2단계 : 1단계 성적(80%)+면접 20%	국어, 수학(미적분 또는 기하 필수선택), 영어, 과학탐구(2과목 평균) 중 3개 영역 합 4등급 이내. 한국사 4등급 이내
	경상국립대학교	지역인재 62	62	학생부 교과 100%	국어, 수학(미적 또는 기하 중 택1), 영어, 과탐(2과목 평균, 소수점 절사) 중 수학을 필수 반영하여 3개 영역 합이 6등급 이내

제주권 지역인재 교과전형

권역	대학명	지역인재 교과전형명	지역인재 교과전형 인원합계	전형방법	수능 최저학력기준
제주권	제주대학교	지역인재 19 지역인재 고른기회 2	21	학생부 교과 100%	국어, 수학(미적분, 기하), 영어, 과탐(2개 과목) 수학 포함 3개 영역 등급 합 6, * 지역인재고른기회는 등급 합 7

지역인재 교과전형과 일반 교과전형의 입시결과 비교

앞에서 언급된 권역별 지역인재 교과전형을 일반전형과 비교하여 몇 가지로 나누어 살펴보겠습니다.

첫째, 일반 전형으로 학생을 선발하지 않고 지역인재로만 학생을 선발하는 대학입니다.

둘째, 지역인재로도 뽑고 일반 전형으로도 뽑지만 둘 사이의 수능 최저가 다른 경우의 대학입니다. 건양대, 을지대, 충북대, 순천향대 등이 해당합니다. 그런데 이들 대학의 입시결과를 살펴보면 다음과 같습니다.

대학	전형	24년 정원	전형요소	24년 수능 최저	23년 입결
건양대	일반-최저 (교과)	10	1단계(5배수) : 교과 100 2단계 : 1단계 80+면접 20	3합4(절)	50% 컷 1.24 / 70% 컷 1.27 / 최저 1.32
	지역-최저 (교과)	10		5합5(절)	50% 컷 1.34 / 70% 컷 1.35 / 최저 1.41
을지대	일반교과	5	학생부(교과) 95 +인성면접 5	4합5(1)	50% 컷 1.19 / 70% 컷 1.25
	지역교과	19		4합6(1)	50% 컷 1.31 / 70% 컷 1.35
충북대	일반교과	4	교과 100	수학 포함 3합4(평)	50% 컷 1.0 / 70% 컷 1.15
	지역교과	7		수학 포함 3합5(평)	50% 컷 1.10 / 70% 컷 1.12
순천향대	일반교과	18	교과 100	4합6(평)	50% 컷 1.00 / 70% 컷 1.00
	지역교과	31		4합6(1)	평균 1.05 / 최저 1.17

수능 최저를 지역 교과전형에 더 쉽게 설정한 것을 확인할 수 있습니다. 게다가 4개의 대학 모두 공통적으로 지역인재전형의 합격자 내신이 더 낮은 것도 동시에 확인이 가능합니다.

셋째, 일반전형으로도, 지역인재로도 뽑지만 둘 사이의 수능 최저가 동일한 경우의 대학입니다.

전북대, 인제대, 제주대, 충남대가 해당합니다. 역시 다음의 입시결과를 살펴봅시다.

대학	전형	24년 정원	전형요소	24년 수능 최저	23년 입결
전북대	일반교과	19	교과 100	4합5(절)	50% 컷 1.34 / 70% 컷 1.36
	지역교과 (호남)	14			24학년도 신설
	지역교과 (전북)	46			50% 컷1.44 / 70% 컷 1.51
인제대	일반교과	28	1단계(5배수) : 교과 100 2단계 : 1단계 80+MMI 20	국, 수, 영, 과 각 2등급 이내	50% 컷 1.00 / 70% 컷 1.06
	지역교과	28			50% 컷 1.08 / 70% 컷 1.09
제주대	일반교과	8	교과 100	수학 포함 3합6(절)	50% 컷 1.03 / 70% 컷 1.04
	지역교과	12			50% 컷 1.22 / 70% 컷 1.34
충남대	일반교과	23	교과 100	수학 포함 3합4(평)	50% 컷 1.11 / 70% 컷 1.13
	지역교과	20			50% 컷 1.14 / 70% 컷 1.20

　　수능 최저는 같지만 지역인재전형의 내신 커트라인이 일반교과전형보다는 좀 더 낮습니다. 곧, 지역인재에 해당하면 상대적으로 더 낮은 내신으로 의대 합격이 가능하다는 것을 실제 입시결과로 확인할 수 있습니다.

지역인재 학종 분석 - "지역 인재 학종도 내신과 수능 최저가 더 중요"

전국단위 모집의 학종과 지역인재 학종은 교과전형에 비해 그 차이가 크지 않을 거라고 생각하는 분들이 종종 있습니다. 그래서 학종을 통해 의대입시 원서를 쓸 때 각 대학교 입시결과에 나온 합격자 커트라인을 기준으로 접수를 합니다. 그러나 이러한 접근은 무척 위험한 접근입니다. 이유에 대해서 간단히 생각해보고 지역인재 학종만의 특징도 정리해 보겠습니다.

먼저, 학종을 교과전형과 다시 한번 비교해봅시다. 교과전형은 학생들을 내신 성적순으로 선발(정량평가)하는 전형인데 반해서 학종은 내신뿐 아니라 생기부와 고등학교 수준도 보고 성적 구성(수학/과학 내신이 좋은지 등을 판단)도 보는 즉, 여러 가지 요소를 정성평가해서 선발하는 전형입니다.

이렇게 학종이 복합적으로 학생을 선발하기 때문에 각 대학교의 입시결과에 나오는 내신 등급 컷만으로 합격 가능성을 단정지어서 생각해선 안 됩니다. 어느 대학의 합격자 내신컷이 낮아보여도 더 우수한 학생들이 붙었을 수도 있습니다. 다시 말해 합격자 내신컷이 낮아보여도 훨씬 합격하기 어려울 곳일 수 있다는 말입니다.

돌려서 이야기했지만, 이 부분을 직설적으로 다시 이야기하자면, 일반전형의 학종에서는 전국단위 영재고, 과고, 자사고 학생들이 지원해서 합격자의 내신 등급 컷이 낮아보일 수 있습니다. 따라서 학종의 합격자 커트라인 단순비교는 매우 주의해야 합니다.

이렇게 전국단위 학종의 합격자를 결정하는 부분은 단순한 교과 성적이 아닐 수 있습니다. 그러나, 지역인재 학종은 사실상 비교과 등의 학종 고유의 성격보다는 '수능 최저'를 만족한 후 내신 성적을 가지고 합격자를 가르게 됩니다.

전국을 대상으로 하는 일반적인 학종에서는 선발기준이 대학별로 다양하기 때문에 고등학교 성격에 따라 입시에 유불리가 작용합니다.(특목고나 과학고를 더 선호하는 대학이 현실적으로 분명히 존재합니다.) 반면에 지역인재 학종에서는 지역 내 고등학교 간의 차이가 그리 크지 않기 때문에 내신의 영향력이 전국 모집의 일반적인 학종에 비해 더 크게 작용합니다.

이런 부분을 잘 숙지하고 지연인재 학종에 접근해야 합니다.

권역별 지역인재 학종의 세부전형은 다음과 같습니다.

강원권 지역인재 학생부종합전형

권역	대학명	지역인재 학종전형명	지역인재 학종전형 인원합계	전형방법	수능 최저학력기준
강원	강원대학교	지역인재 20	20	1단계(3배수) : 서류 평가 100% 2단계 : 서류평가 60%+면접평가 40%	국어, 수학, 영어, 과탐(1과목) 영역 중 3개 영역(필수 반영 : 수학, 과탐)의 합이 7등급 이내
	연세대학교 (미래)	강원인재(일반) 27 강원인재(한마음) 3	30	학교생활우수자 - 1단계(6배수) : 서류 100% - 2단계 : 1단계 성적 80%+면접 20%	학교생활우수자, 사회통합 : 국어, 수학(미적분/기하), 과탐1, 과탐2 중 4개 영역 등급 합 6 이내 영어 2등급 이내, 한국사 4등급 이내, 과학탐구 2과목 각각 반영, 과탐 동일 과목의 Ⅰ, Ⅱ 선택은 불가함
	한림대학교	지역인재 (지역인재) 19 지역인재 (기초생활) 3	22	1단계(5배수) : 서류 100% 2단계 : 1단계 성적 70%+면접 30%	학교생활우수자, 지역인재 : 국어, 영어, 수학(미적분/기하), 과탐(2과목 평균) 4개 영역 중 3개 합 4등급 이내 (단, 영어 포함하여 반영할 경우 영어는 1등급) 지역인재(기초생활) : 최저학력기준 없음

대전·충청권 지역인재 학생부종합전형

권역	대학명	지역인재 학종전형명	지역인재 학종전형 인원합계	전형방법	수능 최저학력기준
대전 충청	건국대학교 (글로컬)	지역인재 26	26	서류평가 100%	국어, 수학(미적분 또는 기하 중 택1), 영어, 과탐(2과목 평균, 소수점 절사) 중 상위 3개 영역 합이 4등급 이내, 한국사 4등급 이내
	충남대학교	학생부종합Ⅱ 지역인재의예과 25	25	1단계(3배수) : 서류 평가 100% 2단계 : 1단계 성적 66.7%+면접 33.3%	국어, 영어 및 과학탐구(2과목 평균) 중 상위 2과목과 수학(미적분, 기하) 합산 5등급 이내

	순천향 대학교	지역인재 56 지역인재기초 생활수급자 4	60	서류평가 100%	최저학력기준 없음

광주 · 전라권 지역인재 학생부종합전형

권역	대학명	지역인재 학종전형명	지역인재 학종전형 인원합계	전형방법	수능 최저학력기준
광주 전라권	원광대학교	지역인재 I 전북권 33 지역인재 I 호남권 18 지역인재 II 호남권 3	54	1단계(5배수) : 서류 평가 100% 2단계 : 1단계 성적 70%+면접 30%	국어, 수학, 영어, 과학탐구(2과 목 평균) 중 수학 포함 3개 영역 등급의 합이 6 이내

대구 · 경북권 지역인재 학생부종합전형

권역	대학명	지역인재 학종전형명	지역인재 학종전형 인원합계	전형방법	수능 최저학력기준
대구 경북권	경북대학교	지역인재 58	58	1단계(5배수) : 서류 100% 2단계 : 1단계 평가 70%+면접 30%	국어, 수학(미적분/기하 중 택1), 영어 중 상위 2개 등급과 탐구영역(2과목 평균, 소수점 반올림) 등급 합 4 이내
	계명대학교	지역 20	20	1단계(7배수) : 서류 100% 2단계 : 1단계 성적 80%+면접 20%	상위 3개 영역 등급 합 4, 필수 응시 : 수학(미적분 또는 기하), 과탐 2개 과 목, 한국사
	대구가톨릭 대학교	지역종합 12	12	1단계(5배수) : 학생 부 종합평가 100% 2단계 : 1단계 점수 80%+면접고사 20%	수능 3개 영역 등급합 5 이내 ※ 수학영역은 선택과목 미적분 또 는 기하 선택 필수 ※탐구영역은 과학탐구 2과목 응시 필 수, 2과목 평균 반영(소수점 절사)
	동국대학교 (WISE)	지역인재종합 15 지역인재경북 종합 10	25	1단계(5배수) : 서류 100% 2단계 : 1단계 성적 70%+면접 30%	국어, 수학(미적분 또는 기하), 영어, 과학탐구 중 3개 과목 등급의 합 4 이내, 탐구는 상위 1과목 반영

권역	대학명	지역인재 학종전형명	지역인재 학종전형 인원합계	전형방법	수능 최저학력기준
부울경권	동아대학교	지역인재종합 20 지역인재기회균형 3	23	1단계(10배수) : 서류 100% 2단계 : 1단계 60%+면접 40% * 지역인재기회균형은 서류 100%	수능 4개 영역[국어, 수학, 영어, 사회/과학탐구(1개 과목)] 등급의 합 6 이내 * 지역인재기회균형은 4개 영역 중 3개 영역 등급의 합 6 이내
	부산대학교	지역인재 30 지역인재 저소득층 5	35	1단계(4배수) : 서류 100% 2단계 : 1단계 성적 80%+면접 20% * 지역인재저소득층은 서류100%	국어, 수학(미적분, 기하 중 택1), 영어, 과학탐구 영역 중 수학 포함 3개 영역 등급 합 4 이내&한국사 4등급 이내 ※ 탐구영역은 2과목 평균
	울산대학교	지역인재 30 지역인재기초 차상위 3	33	1단계(5배수) : 서류 평가 100% 2단계 : 1단계 성적 50%+면접 50%	국어, 수학(미적분 또는 기하 필수선택), 영어, 과학탐구(2과목 평균) 중 3개 영역 합 4등급 이내, 한국사 4등급 이내, 과학탐구는 서로 다른 2과목(동일 과목 I+II는 인정하지 않음)의 평균
	경상국립 대학교	지역 6	6	1단계(3배수) : 서류 평가 100% 2단계 : 1단계성적 80%+면접 20%	국어, 수학(미적 또는 기하 중 택1), 영어, 과탐(2과목 평균, 소수점 절사) 중 수학을 필수 반영하여 3개 영역 합이 6등급 이내

제주권 지역인재 학생부종합전형 : 없음

학종을 지역인재로만 선발하는 부산대, 동아대, 대구가톨릭대학은 지역인재 해당자들에게만 유리합니다. (심지어 부산대는 수시의 논술 전형도 지역인재로만 선발하고 있습니다.)

따라서, 선발 경향이나 내신 커트라인을 떠나서 지역인재 해당자들은 남들이 못 쓰는 카드 한 장을 추가로 쓸 수 있는 유리한 점을 적극적으로 이용해야 합니다.

그리고, 학종과 관련하여 마지막으로 하나 더 생각해 봅시다.

지역인재 의대 모집을 실시하는 지역에서 전교 1~5등에게 의대 학종만을 준비하라고 하는 것은 오히려 독입니다. 학종으로 가는 학생은 냉정하게 말해서 지금까지는 전교 1등뿐이었고 학교에 따라서는 전교 1등도 합격을 장담할 수 없었습니다. 물론, 이번 의대증원의 결과로 2,3등까지는 가능할수도 있습니다. 그러나, 역시 가능성의 영역입니다. 따라서 학종만을 목표로 잡아서 의대입시를 준비해서는 안 됩니다.

수능 위주 지역인재전형 분석 - "일반전형 대비 1~3문제 정도의 여유"

마지막으로 수능 위주 정시에서 지역인재전형과 일반전형의 차이에 대해서 간단하게 살펴보겠습니다.

수능 가군 지역인재 선발 전형

권역	대학명	수능 가군 전형명	인원수	전형방법	수능 응시 영역
강원권	강원대학교	지역인재 10	10	수능 100%	국어, 수학, 영어, 과탐(2과목) * 수학(미적분, 기하)에 가산점 10% 적용
광주 호남권	전남대학교	지역인재 24	24	수능 100%	국어, 수학(미적분/기하 중 택1), 영어, 한국사, 탐구(과탐 2과목) 영역
대구 경북권	경북대학교	지역 6	6	수능 100%, 인적성면접 (합불)	국어, 수학, 영어, 탐구(과탐 1과목당 5% 가산점) 한국사 등급별 가점
부울 경권	동아대학교	지역인재 20	20	수능 100%	수능 4개 영역[국어, 수학, 영어, 사회/과학탐구(2개 과목)], 선택과목과 관계없이 모두 인정함
	인제대학교	지역인재 22	22	수능 100%, 면접(합불)	국어, 수학(1과목, 미적분/기하), 과탐(2과목 표준점수 합산), 영어, 한국사
	경상국립 대학교	지역 35	35	수능 100%	국어, 영어, 수학, 탐구, 과탐 반영, 수학(미적분, 기하 중 택1) 반영 가산점 : 과탐Ⅰ, Ⅱ/Ⅱ, Ⅱ 2과목 응시자 5% 가산점 부여

수능 나군 지역인재 선발 전형

권역	대학명	수능 나군 전형명	인원수	전형방법	수능 응시 영역
대전 충청권	건국대학교 (글로컬)	지역인재 22	22	수능 100%	국어, 수학(미적분 또는 기하 중 택1), 영어, 과탐(2과목 평균), 한국사
	충북대학교	지역 41	41	수능 100%	국어, 수학(미적분, 기하 중 택 1), 영어, 과탐(2과목), 한국사
	충남대학교	지역인재 27	27	수능 100%	국어(화법과 작문/언어와 매체), 수학(미적분/기하), 영어, 한국사, 탐구(과탐 2과목) 영역

권역	대학명		인원수	전형방법	수능 응시 영역
광주 호남권	전북대학교	지역인재 2 (전북권) 37	37	수능 100%	국어, 수학(미적분, 기하 중 택1), 영어, 한국사, 탐구(과학탐구 2개 과목)
	조선대학교	지역인재 28	28	수능 100%	국어, 수학, 영어, 과탐, 한국사 - 수학(미적분/기하 택1) 의무반영, 과탐은 우수 한 1과목만 반영
대구 경북권	영남대학교	지역인재 22	22	수능 100%	국어, 수학, 영어, 과학탐구(2개 과목), 한국사 ※ 탐구영역은 2개 과목에 반드시 응시해야 하 며, 2개 과목의 백분위 평균
부울 경권	부산대학교	지역인재 26	26	수능 80%+ 학업역량평가 20%	국어, 수학국어, 수학(미적분, 기하 중 택1), 영어, 과학탐구, 한국사 ※ 탐구영역 과목은 지원자가 자유 선택하되 반 드시 2과목을 응시해 평균
제주권	제주대학교	지역인재 14	14	수능 100%	국어, 수학(미적분, 기하), 영어, 과탐(2개 과목), 과학탐구 2과목 평균, 한국사 필수 응시

수능 다군 지역인재 선발 전형

권역	대학명	수능 다군 전형명	인원수	전형방법	수능 응시 영역
대구	계명대학교	지역 20	20	수능 100%	국어, 수학, 영어, 과탐(2개 과목) - 한국사 : 필수 응시 및 가산점 부여 - 수학 미적분 또는 기하 및 과탐 2개 과목 필수
경북	동국대학교 (WISE)	지역인재 2	2	수능 100%	국어, 수학, 영어, 과탐(2개 과목), 한국사 - 수학영역은 미적분, 기하 중 선택반영 - 과탐 II 과목 5% 가중치 반영(가중치는 해당과 목만 반영) - 한국사 가산점 부여
부산	고신대학교	지역인재 8	8	수능 100%	국어, 수학(미적분, 기하), 영어, 과탐(2과목) - 과탐 동일과목 I, II 선택 불가

　결론부터 이야기하자면 (각 대학별로 차이는 있겠지만) 일반 전형 대비 지역인재전형은 1~3문제 정도 차이가 납니다.

　실제 대학의 정시 합격자 성적표를 보면서 비교해 보겠습니다.

　먼저, 충남대 의대의 합격자 성적표입니다. 일반전형 합격자와 지역인재 합격자의 성적표를 비교해 보겠습니다.

충남대 의대 일반전형 합격자

	국어	수학	과탐	
	언매	미적	생물 I	지학 I
원점수	88	96	47	50
백분위	98	100	96	99
등급	1	1	1	1

틀린 개수는 국어 5문제, 수학 1문제, 탐구 1문제를 틀려 총 7문제를 틀렸습니다. 의대 합격자 기준으로 꽤 많이 틀린 성적표입니다. 성적 반영비가 높은 수학을 적게 틀린 부분이 꽤 중요한 포인트네요.

충남대 의대 지역인재 합격자

	국어	수학	과탐	
	언매	미적	생물 I	지학 I
원점수	89	92	47	50
백분위	99	99	96	99
등급	1	1	1	1

일반전형 합격자에 비해 수학은 1문제를 더 틀렸고 국어 5문제, 탐구 1문제를 틀렸습니다. 즉, 지역인재전형의 합격 컷이 수학 1문제 정도 차이가 보입니다. 충남대 같은 경우 수학 반영비가 상대적으로 높은 편에 속하는 대학임에도 수학 1문제 정도 더 틀리고 합격했다는 것은 꽤 큰 차이가 발생했다고 생각할 수 있습니다.

다음으로는 전북대의 입시 결과도 한번 살펴보겠습니다.

전북대 의대 일반 전형 합격자

	국어	수학	과탐	
	언매	미적	생물 I	지학 I
원점수	92	92	47	47
백분위	99	99	96	95
등급	1	1	1	1

국어는 3문제, 수학은 2문제, 과탐은 2문제를 틀려서 역시 7문제를 틀렸습니다. 전북대는 과탐 반영비가 낮은 편이어서 과탐에서 2문제를 틀리고도 합격할수가 있었습니다.(일반전형에서 수학 2개, 과탐 2개를 틀리고 의대 합격은 정말 쉽지 않습니다.) 일반적인 과탐 반영비가 적용되면 합격이 쉽지 않은 성적표입니다.

전북대 의대 지역인재 합격자

	국어	수학	과탐	
	언매	미적	생물Ⅰ	지학Ⅰ
원점수	88	88	47	48
백분위	98	98	96	97
등급	1	1	1	1

지역인재 합격자는 일반전형 합격자에 비해 국어 1~2문제, 수학 1문제 더 틀렸습니다. 일반전형 대비 3문제(점수로 7점)를 더 틀리고 합격을 했습니다. 문제 3개면 꽤 차이가 나는 편입니다. 물론 전북대 의대는 일반전형으로 29명을 뽑고 지역인재로도 29명 뽑았습니다. 이렇게 지역인재전형도 많은 수를 뽑다 보니 점수 차이가 좀 벌어지는 편입니다.

2개의 학교에 내해서만 살펴봤지만 나른 대학들도 일반전형과 지역인재전형의 수능에서의 점수 차는 분명 존재합니다. 곧 정시에서도 지역인재전형의 자격조건을 만족한 응시자라면 분명 유리한 부분이 있다는 것을 인지하고 이용해야겠습니다.

2장을 마무리하며…

이번 장에서는 지역인재전형을 통한 의대 진학 준비의 유리한 점들을 살펴보았습니다. 하지만 지역인재전형이 다소 유리하다고 해서 이 전형만으로 손쉽게 의대에 진학할 수 있다고 생각해서는 안 됩니다. 실제 입시 결과를 분석해 보면, 여전히 치열한 경쟁을 뚫고 합격하기가 쉽지 않다는 사실을 알 수 있습니다.

따라서 지역인재전형을 의대진학의 유일한 방편으로 삼기보다는, 다양한 전형을 활용하는 전략적인 접근이 필요합니다. 고1 때부터 수시전형을 통한 의대 진학을 목표로 최선을 다해야 합니다. 만약 고1 내신 성적으로 학생부종합전형이나 학생부교과전형으로의 진학이 어려워 보인다면, 즉시 2학년부터 정시를 대비하는 유연한 자세를 갖추는 것이 중요합니다.

무엇보다 의대 진학에 대한 강한 열정과 의지가 중요합니다. 열정과 의지를 밑거름 삼아 치밀한 전략을 세우고 끊임없이 노력해 나간다면 의대입시라는 험난한 과정을 헤쳐나갈 수 있을 것입니다. 포기하지 않는 인내심으로 꾸준히 도전한다면 반드시 의대 합격이라는 결실을 맺을 수 있을 것이라 믿습니다. 항상 그렇듯 누구에게만 주어진 왕도란 없습니다.

3장

수시전형 입시결과 총정리

내 점수로 갈 수 있는 대학은 Ⅰ : 수시 정보

'내가 열심히 노력하여 얻은 내신 등급과 학생부 기록으로, 내가 원하는 대학을 지원할 수 있을까?'라는 의문은 수험생 입장에서는 너무나도 절실하게 답을 찾고 싶은 질문일 것입니다. 특히, 올해는 의대 정원에 많은 변화가 있기 때문에 그동안 예상되던 부분에서 얼마나 크게 벗어난 요소가 생길지 기대와 불안이 공존하는 시기입니다. 이런 부분을 지역별 의대입시결과를 기준으로 확인하고 그에 따른 변화의 폭을 예상해 보겠습니다.

[예측 : 의대 증원이 수시에 미치는 영향]

정시에 비해 수시는 많은 변수가 존재합니다.

수시는 학교별로 선발 스타일이 다양해서(학생부종합전형, 교과전형, 논술전형 등) 내신 커트라인 하락 여부를 단정짓기는 어렵습니다.

학생부종합전형은 생활기록부, 교과 성적, 고교 선호도, 수능 최저학력기준 등 평가 기준이 복잡하고 일관적이지도 않습니다.

교과전형은 교과 성적을 중심으로 학생을 선발하지만 수능 최저학력기준을 적용하는 학교가 많아 내신만으로 합격이 좌우되지 않습니다.

정확한 예측을 위해서는 대학별 증원 인원, 수능 최저학력기준 난이도, 전형별 비중 등을 종합적으로 분석하는 게 필수입니다.

결국 수시 예측은 일반론적인 방법을 찾기보다는 학교별 접근을 통한 사실 확인이 훨씬 의미가 있을 것입니다.

이런 관계로 각 권역에 속하는 대학들의 특징을 정리하고 대교협에서 발표된 작년 입시 결과를 살펴본 다음에 올해 입시에서의 변화에 대한 예측을 진행하겠습니다.

의대로 가는 길 - 교과전형

학생부교과전형은 주로 내신 성적을 중심으로 학생을 선발합니다.

총 31개 대학에서 1,577명을 선발해서, 수시전형 중 가장 많은 학생을 모집합니다.

세부 전형별로 보면 지역인재전형으로 1,078명을 선발해 일반전형보다 훨씬 많은 인원을 선발함을 확인할 수 있습니다.

전형방법으로는 일괄전형을 실시하는 학교와, 단계별 전형으로 2단계에서 면접을 보는 학교로 나누어집니다.

학교별로 상이한 수능 최저학력기준이 적용되며 수능 최저학력기준이 없는 전형 역시 존재합니다.

서울 및 수도권 의대의 경우 교과전형으로 합격하기 위해서는 평균 1.0~1.1 정도의 내신을 받아야 합니다. 관련 사례로 연세대 교과전형의 경우 합격자의 90%가 1.04 이내의 학생부 성적을 보유했습니다. 가톨릭대의 경우 합격자 전원이 1.0의 성적을 받았습니다. 하지만 대학에 따라 드물지만 1.2나 1.5 정도의 성적으로도 합격하는 경우도 있습니다.

지방 의대의 경우에도 교과전형 합격 평균 내신은 1.0~1.1 사이입니다. 다만 교과전형이라 해도 내신 성적만으로 합격이 결정되는 것은 아닙니다. 대학에 따라 학생부의 비교과 영역도 평가에 반영하는 경우가 있습니다.

서울에서 교과전형을 운영하는 의대는 연세대, 가톨릭대, 고려대, 경희대 정도입니다.

연세대 학생부교과전형인 추천형은 졸업예정자, 즉 3학년 재학생만 지원 가능한 학교장추천전형으로 15명을 선발합니다. 면접평가 없이 '교과 100%' 선발을 실시합니다. 다만, 올해부터 수능 최저학력기준은 국, 수(미/기), 과1, 과2 중 국 또는 수 포함하여 1등급 2개, 영어 3등급 이내, 한국사 4등급 이내라는 기준이 적용됩니다. 최저 충족의 부담이 생기긴 했지만, 까다로운 제시문 면접이 사라지면서 올해는 상위권 재학생의 추천형 지원이 증가할 것으로 보입니다.

연세대 : 2024학년도 전형 결과

전형명	모집 인원	경쟁률	충원 인원	대학별 환산			최종등록자 학생부 교과성적(환산등급)	
				환산점수		최고점 (만점)		
				50% cut	70% cut		50% cut	70% cut
추천형	18	6.50	3	98.93	98.84	99.87	1	1.03

가톨릭대 교과전형은 지역균형전형으로 10명을 선발합니다. 교과 '100%'로 선발하지만 인적성 면접을 실시합니다. 수능 최저학력기준은 국, 수(미/기), 영, 과탐(2과목 평균) 중 4개 영역 등급 합 5 이내 및 한국사 4등급 이내가 적용됩니다. 다음의 2024학년도 전형결과에서 보이듯이 내신 70% 커트라인이 1.00이었습니다. 올해도 이 커트라인이 유지될 것으로 전망됩니다.

가톨릭대 : 2024학년도 전형 결과

전형명	모집 인원	경쟁률	충원 합격 순위	대학별 환산			최종등록자 교과성적 학생부 등급	
				최종등록자 환산점수		총점 (학생부)		
				50% cut	70% cut		50% cut	70% cut
지역균형전형	10	2.88	6	1,000.00	1,000.00	1,000	1.00	1.00

고려대 교과전형은 학교추천전형으로 졸업예정자, 즉 3학년 재학생만 지원 가능하며 18명을 선발합니다. 전형방법은 교과 80%+서류 20%입니다. (교과 100% 전형일 때도 종합전형에 가까웠습니다.) 수능 최저학력기준은 국, 수, 영, 과 4개 영역 등급 합 5 이내 및 한국사 4등급 이내가 적용됩니다. 2023학년도에는 합격자의 내신성적 평균등급이 1.15등급이었는데 2024년도에는 1.05등급으로 상승했습니다. 고대 의대가 흔히 얘기하는 빅5에 비해서는 뒤쳐진다는 이야기도 있었지만, 끊임없이 우수 인재 선발을 위해 노력하면서 지속적인 성장을 하고 있는데 그 지표가 바로 합격자 평균 커트라인의 상승입니다.

고려대 교과전형은 학교장 추천을 받아야 지원 가능한데, 보통 고교에서 내신 1~2등 학생이 추천을 받는 경우가 많습니다. 하지만 학생부 관리가 잘된 학생이라면 내신 성적이 다소 낮아도 고려대 교과전형에 도전해 볼 만합니다. 반대로 학생부가 부실하다면 내신이 우수해도 합격하기 어려울 수 있습니다.

고려대 : 2024학년도 전형 결과

전형명	모집인원	경쟁률	충원합격순위	대학별 환산			최종등록자 교과성적 학생부 등급	
				최종등록자 환산점수		총점(학생부)	50% cut	70% cut
				50% cut	70% cut			
학교추천전형	18	23.44	24	79.91	79.88	80	1.06	1.08

경희대 교과전형은 지역균형전형으로 졸업예정자, 즉 3학년 재학생만 지원 가능하며 22명을 선발합니다. 전형방법은 교과 및 비교과 성정 70%+교과종합평가 30%입니다. (교과종합평가는 학생부 중 '교과학습발달상황'의 교과 성적과 세부능력 및 특기사항을 반영합니다.) 수능 최저학력기준은 국, 수, 영, 탐(2개 과목) 중 3개 영역 등급 합 4 이내 및 한국사 5등급 이내가 적용됩니다.

경희대 : 2024학년도 전형 결과

전형명	모집인원	경쟁률	충원합격순위	대학별 환산			최종등록자 교과성적 학생부 등급	
				최종등록자 환산점수		총점(학생부)	50% cut	70% cut
				50% cut	70% cut			
지역균형전형	18	8.2	20	560.00	560.00	560	1.00	1.00

경기도 소재 의대 중에서는 성균관대, 아주대가 교과전형을 아예 운영하지 않고 가천대와 인하대의 모집인원이 많지 않아 일반고 학생들의 관심이 적은 편이었습니다. 그러나 올해는 작년에 비해 모집 인원이 크게 증가했습니다.

가천대는 학생부우수자전형으로 15명, 농어촌(교과)전형으로 2명을 모집합니다. 전형방법은 교과 100%입니다. 학생부우수자전형의 수능 최저는 국, 수(미/기), 영, 과(2과목) 중 3개 영역 각 1등급으로 높은 편입니다. 전형 방법이 교과 100%로 바뀐 이후로는 합격자 90% 커트라인도 1.0을 보여주고 있습니다. 올해도 작년과 같은 기조가 이어진다면 가천대 교과전형을 지원하려던 하위권 학생들은 쉽지 않은 경쟁을 해야 할 것입니다.

가천대 : 2024학년도 전형 결과

전형명	모집인원	경쟁률	충원 합격순위	최종등록자 교과성적 학생부 등급	
				70% cut	90% cut
학생부우수자전형	5	25.2	3	1.00	1.00
농어촌(교과)전형	1	24	1		1.27

인하대는 지역균형전형으로 26명을 모집합니다. 전형방법은 교과 100%입니다. 수능 최저는 국, 수, 영, 탐 중 3개 영역 각 1등급으로 높습니다. 2024학년도 합격자 70% 커트라인은 1.10으로 가천대보다는 낮지만 역시 쉽지 않은 점수대입니다.

인하대 : 2024학년도 전형 결과

전형명	모집 인원	경쟁률	충원 합격 순위	대학별 환산		총점 (학생부)	최종등록자 교과성적 학생부 등급	
				최종등록자 환산점수				
				50% cut	70% cut		50% cut	70% cut
지역균형전형	9	9.4	12	999.85	999.82	1,000	1.08	1.10

다. 지방 국립대 교과전형의 특징

지방에 위치한 거점 국립대학교들은 수도권 의대와 달리 교과전형을 주로 활용하여 학생을 선발하고 있습니다. 의대 증원 효과로 작년에 비해 꽤 많은 모집 인원을 뽑고 있습니다. 2024학년도 전형 결과보다는 낮아진 커트라인을 보일 가능성이 높습니다. 이런 부분을 고려한 전략적인 접근을 해 나가야겠습니다.

충북대는 학생부교과로 16명, 지역인재로 32명, 지역경제배려대상자로 3명으로 총 51명을 모집합니다. 2024학년도 모집인원의 4배 이상 규모입니다. 특히, 32명을 모집하는 지역인재전형은 수능 최저[국, 수(미/기), 영, 과탐(1과목) 중 3개 영역 합이 5등급 이내(수학 필수 반영)]만 충족할 수 있다면 1점대 중반대까지의 점수대에서도 지원을 고려해 볼 수 있을 것입니다.

충북대학교 : 2024학년도 전형 결과

전형명	모집인원	경쟁률	충원합격순위	대학별 환산			최종등록자 교과성적 학생부등급	
				최종등록자 환산점수		총점		
				50% cut	70% cut		50% cut	70% cut
학생부교과전형	4	27.3	2	79.92	79.83	80	1.04	1.09
지역인재전형	7	13	29	79.79	79.57	80	1.11	1.22
지역경제배려대상자전형	1	13	-	-	-	80	-	-

* 최종 선발 인원이 소수인 경우(선발인원 3명 이하)에는 환산점수, 환산등급을 입력하지 않음

전남대는 지역인재전형으로 102명을(24명 증원) 지역균형 4명, 농어촌학생 2명을 모집합니다. 수능 최저는 수학 포함 3개 영역 합 5등급 이내입니다. 작년 지역인재전형의 합격자 70% 커트라인이 1.18 정도였는데 올해 24명이 증원된 효과를 고려한다면 1.3~1.5 내에서의 최종 커트라인도 예상해 볼 수 있습니다. 전남 지역 학생들은 적극적으로 지역인재전형을 이용하기 위한 고려를 해야 합니다.

전남대 : 2024학년도 전형 결과

전형명	모집인원	경쟁률	충원합격순위	대학별 환산			최종등록자 교과성적 학생부등급	
				최종등록자 환산점수		총점 (학생부)		
				50% cut	70% cut		50% cut	70% cut
지역인재전형	78	10.0	10	1,013.558	1,012.816	1,015	1.12	1.18
지역기회균형전형	3	10.7	1	3명 이하		1,005	3명 이하	
농어촌학생전형	2	12.5		3명 이하		1,005	3명 이하	

전북대는 25학년도에 지역인재 호남권전형은 작년과 같은 14명을 유지하면서 지역인재 전북권전형을 56명으로 증원했습니다. 일반학생전형도 24명을 모집합니다.

2024학년도 지역인재 전북권 합격자의 70% 커트라인이 1.57이었음을 고려하면 올해 10명이 증원된 상태에서는 최종적으로 1.7~1.8까지도 합격권으로 예상할 수 있습니다. 상대적으로 쉬운 편인 수학 포함 4개 영역 등급 합 6 이내라는 수능 최저학력기준만 만족한다면 낮아질 합격 커트라인의 효과를 충분히 누릴 수 있을 것입니다.

전북대 : 2024학년도 전형 결과

전형명	모집인원	경쟁률	충원합격순위	대학별 환산			최종등록자 교과성적 학생부등급	
				최종등록자 환산점수		총점 (학생부)		
				50% cut	70% cut		50% cut	70% cut
일반학생전형	19	18.5	19	1,000.59	1,000.49	1,001.5	1.26	1.28
지역인재 호남권전형	14	18.2	10	1,000.54	1,000.52	1,001.5	1.27	1.27
지역인재 전북권전형	46	8.1	8	999.80	999.47	1,001.5	1.48	1.57

제주대는 일반학생전형으로 14명, 지역인재전형으로 19명을 뽑고 수학 포함 3개 영역 등급합 6 이내라는 수능 최저가 적용됩니다. 전형 방법은 학생부 교과 100%입니다.

다른 권역에 비해 많은 인원이 증원되진 않았지만 지역인재전형에서 2024학년도의 1.22라는 70% 커트라인보다는 현실적으로 수월해진 최종 합격자 커트라인을 기대할 수 있을 것입니다.

또한 내신은 우수하지만 수능에서 고전하는 학생 입장에서도, 제주대의 상대적으로 낮은 수능 최저 기준은 상당히 전략적으로 접근할 수 있는 매력적인 카드가 될 것입니다.

제주대 : 2024학년도 전형 결과

전형명	모집 인원	경쟁률	충원 합격 순위	대학별 환산		총점 (학생부)	최종등록자 교과성적 학생부등급	
				최종등록자 환산점수				
				50% cut	70% cut		50% cut	70% cut
고른기회전형	2	24.5	2	995.7	995.7	1,000	1.24	1.24
일반학생전형	8	12.8	12	999.4	999.3	1,000	1.03	1.04
지역인재전형	12	4.4	4	996.4	995.7	1,000	1.18	1.22

라. 지방 사립대 교과전형의 특징

부산, 울산, 경남 지역에서 꼽히는 주요 사립의대로는 인제대, 울산대, 고신대 등이 있습니다. 그 중 인제대와 고신대는 교과전형을 운영 중입니다.

부산, 울산, 경남권 의대 지망생이라면 이 두 대학 교과전형 지원을 위해 내신 관리에 집중할 필요가 있어 보입니다. 울산대는 학종으로만 선발하고 있습니다.

인제대 : 2024학년도 전형 결과

전형명	모집인원	경쟁률	충원합격순위	대학별 환산			최종등록자 교과성적 학생부등급	
				최종등록자 환산점수		총점(학생부)		
				50% cut	70% cut		50% cut	70% cut
지역인재 I 전형	28	5.71	15	79.58	79.54	80	1.08	1.09
의예, 약학, 간호전형	28	6.96	16	79.78	79.64	80	1.04	1.07
기초생활수급권자전형	4	16.75	1	78.66	77.86	80	1.26	1.41

고신대 : 2024학년도 전형 결과

전형명	모집인원	경쟁률	충원합격순위	대학별 환산			최종등록자 교과성적 학생부등급	
				최종등록자 환산점수		총점(학생부)		
				50% cut	70% cut		50% cut	70% cut
일반고전형	25	14.84	48	898.85	898.63	900	1.26	1.30
지역전형	25	14.48	29	898.84	898.70	900	1.26	1.29

강원권에서는 연세대 미래캠퍼스와 가톨릭관동대가 교과전형을 실시합니다.

연세대 미래캠퍼스는 교과우수자 전형으로 16명을 선발합니다. 수능 최저학력기준은 4합5를 적용하고 있습니다. 가톨릭관동대는 일반전형으로 20명, 지역인재전형으로 37명 등을 선발합니다. 수능 최저는 3합4와 3합5가 적용됩니다. 이 두 대학의 내신 70% 커트라인은 1.27~1.31 수준으로, 앞선 인제대보다는 지원 난이도가 낮은 편입니다. 내신이 해당 구간 내에 있고 학생부 관리도 잘되어 있다면 강원권 의대에 도전해 볼 만하겠습니다.

연세대학교 미래캠퍼스 : 2024학년도 전형 결과

전형명	모집인원	경쟁률	충원합격순위	대학별 환산		총점(학생부)	최종등록자 교과성적 학생부등급	
				최종등록자 환산점수				
				50% cut	70% cut		50% cut	70% cut
학생부교과전형	19	23.95	7	96.94	96.75	100	1.27	1.31

가톨릭관동대학교 : 2024학년도 전형 결과

전형명	모집인원	경쟁률	충원합격순위	대학별 환산		총점(학생부)	최종등록자 교과성적 학생부등급	
				최종등록자 환산점수				
				50% cut	70% cut		50% cut	70% cut
일반전형	8	16.9	35	994.38	995.43	1,000	1.15	1.17
강원인재전형	10	11.9	31	990.07	992.66	1,000	1.27	1.31
기초생활 및 차상위전형	2	27.5	6	980.88	0.00	1,000	1.51	0.00
농어촌학생전형	2	17.0	6	979.38	0.00	1,000	1.55	0.00

대전과 충청권에서는 건양대, 을지대, 단국대 천안캠퍼스가 대표적인 사립의대들입니다.

단국대 천안캠퍼스는 학생부종합전형으로만 학생을 뽑습니다.

건양대는 25학년도에 일반(최저)전형으로 13명(3합4 수능 최저), 일반(면접)전형으로 5명(수능 최저 없음), 지역(최저)전형으로 50명(3합5 수능 최저), 지역(면접)전형 15명(수능 최저 없음) 등 학생부 교과로 88명을 선발합니다. 24학년도 전형 결과는 학생부 등급 최저가 1.0~1.26으로 상당히 높은 수준을 보여주었습니다. 그러나, 올해 지역인재(최저)전형이 작년보다 5배 늘어난 인원을 뽑는 큰 변화를 보이고 있습니다. 충청권 지역인재전형에 해당하는 지원자라면 적극적인 고려가 필요해 보입니다.

건양대학교 : 2024학년도 전형 결과

전형명	모집 인원	경쟁률	등록 인원	충원합격순위	학생부 등급			
					최고	50% cut	70% cut	최저
일반(최저)	10	26.2	10	9	1.06	1.13	1.16	1.19
일반(면접)	5	14.2	4	1	1.00	1.00	1.00	1.00
지역(최저)	10	21.9	10	15	1.12	1.18	1.20	1.26
지역(면접)	10	7.0	10	2	1.00	1.06	1.09	1.15
지역(기초)	2	8.5	-	-	등록자 없음			
농어촌	2	21.5	2	-	1.32	1.34	1.36	1.36

* [1단계] 학생부교과 100%, [2단계] 1단계 80%+면접 20%

을지대는 25학년도에 지역균형 전형으로 20명, 지역의료인재 전형으로 62명 등을 선발합니다. 각각 4합5와 4합6의 수능 최저학력기준을 적용합니다. 을지대의 그동안 전형 결과들을 보면 70% 커트라인이 1.5대, 심지어 100% 환산 시 2.1 근방까지 낮아지는 해도 있었습니다.

을지대 : 2024학년도 전형 결과

전형명	모집 인원	경쟁률	충원 합격순위	대학별 환산 최종등록자 환산점수		
				50% cut	70% cut	최저(커트)
지역의료인재전형	19	9.7	39	1.29	1.44	
지역균형전형	5	15.4	10		1.17	1.18
기회균형Ⅱ전형	1	9.0	-	등록인원이 없는 경우 미기재		
기회균형Ⅰ전형	2	35.5	2	등록인원 3명 이하 미기재		
농어촌학생전형	2	30.0	2	등록인원 3명 이하 미기재		

* 지역의료인재전형, 지역균형전형 평가방법 : 학생부 교과 95%+면접고사(인성면접) 5%

전라권에서는 조선대를 주목할 필요가 있습니다.

과거, 조선대는 수능 최저가 낮고 교과전형 선발인원도 40명 가량으로 많아, 내신 성적이 다소 낮더라도 기회를 엿볼 수 있는 의대로 인식되었습니다. 그러나 최근 몇 년 사이 수능 최저를 상향 조정하고 선발인원도 감축하는 방향으로 선발 방식을 바꾸면서, 실제 합격 가능 커트라인도 올라 갔습니다.

작년 기준 내신 70% 커트라인이 일반전형은 1.10, 지역인재전형은 1.32를 보여주고 있습니다. 여전히 내신 중상위권 학생들에게는 기회의 땅이 될 수 있겠지만 과거만큼 하위권 학생이 도전하긴 어려운 상태입니다.

조선대 : 2024학년도 전형 결과

전형명	모집인원	경쟁률	충원합격순위	대학별 환산			최종등록자 교과성적 학생부등급	
				최종등록자 환산점수		총점(학생부)		
				50% cut	70% cut		50% cut	70% cut
일반전형	16	13.7	58	509.55	509.5	500	1.09	1.10
지역인재전형	40	6.9	71	508.81	508.42	500	1.24	1.32
지역기회균형전형	3	9.7	1	3명 이하		500	3명 이하	

경북권에서는 대구가톨릭대와 영남대, 계명대가 교과전형을 운영하는 의대입니다. 그중 대구가톨릭대는 25학년도에 교과전형으로 10명, 지역교과전형으로 38명 등을 선발합니다. 2개의 전형 모두 3합4라는 수능 최저학력기준이 적용됩니다. 24학년도의 경우 지역교과전형의 70% 커트라인이 1.34였습니다. 올해 모집인원이 늘어난 것을 고려하더라도, 1.45 안으로 들어가야 합격 안정권이라고 할 수 있습니다.

대구가톨릭대 : 2024학년도 전형 결과

전형명	모집인원	경쟁률	충원합격순위	대학별 환산			최종등록자 교과성적 학생부등급	
				최종등록자 환산점수		총점(학생부)		
				50% cut	70% cut		50% cut	70% cut
교과전형	5	18.8	6	500.5	500.4	500	1.16	1.18
지역교과전형	18	7.7	19	499.9	499.7	500	1.29	1.34
지역기회균형전형	1	13.0	1	492.0	492.0	500	2.84	2.84
농어촌학생전형	2	38.0	2	499.1	499.0	500	1.50	1.52

영남대는 학생부교과로만 수시 인원을 선발합니다. 25학년도에는 일반 전형으로 12명(4합5 수능 최저), 지역인재로 37명(4합5 수능 최저) 등을 선발합니다. 타 학교와 비교하여 수시 인원 증원이 적은 편이기에 작년과 비슷한 정도의 합격선을 유지할 것으로 예상합니다.

영남대 : 2024학년도 전형 결과

영남대 : 2024학년도 전형 결과

전형명	모집인원	경쟁률	충원합격순위	대학별 환산			최종등록자 교과성적 학생부등급	
				최종등록자 환산점수		총점 (학생부)		
				50% cut	70% cut		50% cut	70% cut
일반학생전형	8	37.13	18	798.00	797.92	800	1.25	1.26
지역인재전형	23	13.00	18	796.24	795.52	800	1.47	1.56
기회균형 II 전형	2	13.50	0			800		
의학창의인재전형	8	26.13	10	558.09	558.04	560	1.33	1.35
농어촌학생전형	3	33.67	1	798.72		800	1.16	

계명대는 학생부 교과로 25학년도에 일반 전형 13명, 지역 전형 29명 등을 선발합니다. 1단계 교과 100%로 각각 130명, 290명을 먼저 선발한 후 2단계에서 면접을 실시합니다. 게다가 수능 최저도 3개 합3 정도로 어렵기 때문에, 1단계 내신 커트라인은 2.0대까지 가능성이 열려 있습니다.

따라서 내신이 1.5 안팎으로 크게 우수하진 않지만 수능 최저 기준을 충족한 학생들에게는 합격 기회가 될 수 있습니다. 수능 최저를 맞추기 어려울수록 1단계 내신 커트라인도 자연스레 하락할 가능성이 크기 때문입니다.

계명대 : 2024학년도 전형 결과

전형명	모집인원	경쟁률	충원합격순위	대학별 환산			최종등록자 교과성적 학생부등급	
				최종등록자 환산점수		총점 (학생부)		
				50% cut	70% cut		50% cut	70% cut
일반전형	12	20.8	23	77.8	77.7174	80	1.22	1.23
지역전형	28	8.4	37	76.0606	74.375	80	1.39	1.56

경상국립대는 학생부 교과로 25학년도에 일반전형 16명(3합4 수능 최저), 지역인재 62명(3합6 수능 최저)을 선발합니다. 작년보다 지역인재전형은 2배 가까운 인원을 선발합니다. 게다가 수능 최저도 3합6으로 부담이 덜한 편입니다. 따라서, 부산, 울산, 경남권에 속하는 졸업(예정)자는 좋은 선택지 중 하나로 필수적으로 고려할 필요가 있습니다.

경상국립대 : 2024학년도 전형 결과

전형명	모집인원	경쟁률	충원합격순위	대학별 환산			최종등록자 교과성적 학생부등급	
				최종등록자 환산점수		총점(학생부)		
				50% cut	70% cut		50% cut	70% cut
일반전형	11	21.09	27	998.25	998.01	1,000	1.13	1.14
지역인재전형	32	5.97	55	999.40	998.91	1,000	1.05	1.09

앞에서 언급하지 않았던 학교들의 학생부교과의 2024학년도 전형결과도 간단히 확인해 보겠습니다.

강원대학교 : 2024학년도 전형 결과

전형명	모집인원	경쟁률	충원합격순위	대학별 환산			최종등록자 교과성적 학생부등급	
				최종등록자 환산점수		총점(학생부)		
				50% cut	70% cut		50% cut	70% cut
일반전형	10	13.80	25	998.00	997.22	1,000	1.07	1.09
지역인재전형	14	6.00	17	994.76	994.30	1,000	1.18	1.19
저소득-지역인재전형	1	7.00	1	-	-	1,000	-	-

건국대학교 글로컬 : 2024학년도 전형 결과

전형명	모집인원	경쟁률	충원합격순위	대학별 환산			최종등록자 교과성적 학생부등급	
				최종등록자 환산점수		최고점(학생부)		
				50% cut	70% cut		50% cut	70% cut
지역인재전형	12	8.25	6	1,000	1,000	1,000	1.33	1.35

충남대학교 : 2024학년도 전형 결과

전형명	모집인원	경쟁률	충원합격순위	대학별 환산			최종등록자 교과성적 학생부등급	
				최종등록자 환산점수		총점(학생부)		
				50% cut	70% cut		50% cut	70% cut
일반전형	23	10	49	99.24	98.98	100	1.08	1.10
지역인재전형	20	8.1	29	97.89	97.45	100	1.21	1.25
지역인재 저소득층전형	3	6.3	0			100		

순천향대학교 : 2024학년도 전형 결과

전형명	모집인원	경쟁률	충원합격순위	대학별 환산			최종등록자 교과성적 학생부등급	
				최종등록자 환산점수		총점 (학생부)	50% cut	70% cut
				50% cut	70% cut			
교과우수자전형	18	11.22	31	1,000	1,000	1,000	1	1
메타버스전형	31	6.25	17	999.929	998.491	1,000	1.05	1.08
지역인재-기초생활수급자 및 차상위계층전형	3	7	0	995.185	995.185	1,000	1.24	1.24

부산대학교 : 2024학년도 전형 결과

전형명	모집인원	경쟁률	충원합격순위	대학별 환산			최종등록자 교과성적 학생부등급	
				최종등록자 환산점수		총점 (학생부)	50% cut	70% cut
				50% cut	70% cut			
지역인재전형	30	6.1	21	79.96	79.94	80	1.05	1.08

동아대학교 : 2024학년도 전형 결과

전형명	모집인원	경쟁률	충원합격순위	대학별 환산			최종등록자 교과성적 학생부등급	
				최종등록자 환산점수		총점 (학생부)	50% cut	70% cut
				50% cut	70% cut			
지역인재교과전형	18	12.39	34	998.04	997.8	1,000	1.13	1.15

동국대학교(WISE) : 2024학년도 전형 결과

전형명	모집인원	경쟁률	충원합격순위	대학별 환산			최종등록자 교과성적 학생부등급	
				최종등록자 환산점수		총점 (학생부)	50% cut	70% cut
				50% cut	70% cut			
교과전형	10	21.7	25	999.5	999.5	1,000	1.2	1.2
불교추천인재전형	1	24.0		1000	1000	1,000	1.1	1.1
지역인재(교과)전형	10	24.4	33	999.3	999.2	1,000	1.2	1.2
기회균형 I (지역인재)전형	1	17.0		999	999	1,000	1.2	1.2

경북대학교 : 2024학년도 전형 결과

전형명	모집 인원	경쟁률	충원 합격 순위	대학별 환산		총점 (학생부)	최종등록자 교과성적 학생부등급	
				최종등록자 환산점수				
				50% cut	70% cut		50% cut	70% cut
교과우수자전형	14	19.2	24	495.70	495.41	500	1.43	1.46
교과지역인재전형	12	8.2	13	499.06	498.87	500	1.10	1.11

다음으로 학생부종합전형의 입시결과를 확인해 보겠습니다.

의대로 가는 길 - 학생부종합전형

학생부종합전형은 학생부의 교과 성적뿐 아니라 비교과 활동, 면접 등을 종합적으로 평가하여 학생을 선발합니다. 일반적으로 학종에 합격하기 위해서는 내신 1.2~1.5 정도의 성적이 필요하지만, 대학과 모집단위에 따라 다릅니다.

서울대, 연세대 등 상위권 의대 학종전형의 경우 과학고, 영재고 학생들의 합격률이 높은 편입니다. 대학에 따라서는 특별히 과학고, 영재고 학생 선발에 적극적인 경우도 있습니다. 그러나 일반고 학생이라고 해서 의대 학종 합격이 불가능한 것은 아닙니다. 의대 학종 평가에서는 학업역량과 더불어 다양한 비교과 활동과 봉사, 리더십 등이 중요하게 평가되므로, 학교생활을 충실히 하고 의대에서 요구하는 역량을 갖춘다면 합격 가능성은 충분합니다.

가. Big 5 의대와 서울 지역 의대 학종전형의 특징

　서울대, 연세대, 성균관대, 가톨릭대, 울산대의 Big 5 의대와 서울 지역의 고려대, 경희대, 한양대, 중앙대, 이화여대 등이 학생부종합전형으로 학생을 선발합니다.

　서울대는 학종으로 100% 선발하는데, 지역균형선발전형의 경우 내신 1.0에 근접해야 하고, 단계별 전형으로 진행되기에 1단계(3배수)에서 탈락하면 기회를 못 잡습니다.

서울대학교 : 2024학년도 전형 결과

전형명	모집인원	경쟁률	충원 합격순위	최종등록자 교과성적 학생부등급		평가에 반영된 교과목
				50% cut	70% cut	
지역균형 전형	39	8.03	0	1.04	1.11	전 과목
일반 전형	50	15.64	0	1.18	1.30	전 과목
기회균형특별전형(사회통합)	7	17.14	0	1.07	1.13	전 과목

　연세대는 자사고, 특목고, 강남 소재 일반고 할 것 없이 합격이 모두 어려운 편이며, 영재학교와 과학고 학생을 다수 선발하는 것이 특징입니다.

연세대학교 : 2024학년도 전형 결과

전형명	모집인원	경쟁률	충원 합격순위	최종등록자 교과성적 학생부등급		평가에 반영된 교과목
				50% cut	70% cut	
활동우수형전형	42	11.33	21	1.12	1.18	주요교과 (국, 영, 수, 사, 과)
기회균형Ⅰ전형	3	24.33	1	-		

　성균관대는 학종 선발 인원 자체가 매우 적은데, 합격생 상당수가 전국단위 자사고, 영재학교, 과학고 출신이라는 점에서 평범한 일반고 학생은 지원을 신중히 해야 합니다.

빅5 의대 중 정원이 증가한 대학 중 하나인 성대는 전략적으로 정시 40% 이상을 유지하면서 정시 비중을 41.7%까지 확대했습니다. 경쟁대학인 가군 연대와 가톨릭대가 면접을 정량화(점수제)하는 가운데, 성대는 정시 의대 면접을 P/F로 반영하여 면접 부담이 있는 수험생들이 모두 성대 의대에 지원할 수 있도록 유도하고 있습니다.

성균관대학교 : 2024학년도 전형 결과

전형명	모집인원	경쟁률	충원 합격순위	최종등록자 교과성적 학생부등급		평가에 반영된 교과목
				50% cut	70% cut	
학과모집전형	25	24.6	77	1.16	1.21	전 과목

가톨릭대는 학교장추천전형을 운영하는데, 서울대 지균전형을 부담스러워하는 1등 학생들이 가톨릭대를 선택하는 경우가 많아 상대적으로 인기가 높습니다. 학생부 내용을 꼼꼼히 평가하는 편입니다.

가톨릭대학교 : 2024학년도 전형 결과

전형명	모집인원	경쟁률	충원합격순위
가톨릭지도자추천전형	2	29.00	-
학교장추천 전형	25	16.40	19

울산대는 올해 수시 비중을 90.9%까지 확대했습니다. 울산대의 경우 지역인재에 해당하는 전형을 확대하면서 부산/울산/경남 재학생과 재수생이 몰릴 것으로 예상됩니다. 해당 지역 의약계열에 재학 중인 대학생들이 수시 지역인재를 다시 노릴 가능성도 있으며, 재학생의 경우 부울경의 자사고나 명문 일반고가 비교적 수능 최저 충족률이 높아 정원 확대의 수혜를 볼 것으로 예상됩니다.

울산대학교 : 2024학년도 전형 결과

전형명	모집인원	경쟁률	충원 합격순위	최종등록자 교과성적 학생부등급		평가에 반영된 교과목
				50% cut	70% cut	
학생부종합전형	14	20.64	9	1.08	1.11	석차등급이 있는 전 과목
지역인재전형	15	12.13	3	1.09	1.15	

고려대의 계열적합전형은 수능 최저가 없고 1단계에서 5배수를 뽑은 후 2단계에서 1단계 성적 50%+면접 50%로 선발합니다. 내신이 우수한 일반고생에게 좋은 기회가 될 것입니다.

고려대학교 : 2024학년도 전형 결과

전형명	모집인원	경쟁률	충원 합격순위	최종등록자 교과성적 학생부등급		평가에 반영된 교과목
				50% cut	70% cut	
학업우수 전형	29	30.28	42	1.15	1.22	전체 교과
계열적합 전형	15	24.93	20	1.78	1.92	전체 교과
고른기회 전형	5	27.6	4	1.04	1.05	전체 교과

경희대는 25학년도에 네오르네상스전형으로 29명을 선발합니다. 올해도 수능 최저를 요구하지 않으면서 모집인원은 줄였습니다. 1단계에서 3배수 선발하고 2단계에서 면접 30%를 적용하여 최종 선발합니다. 작년보다 높은 내신 성적이 필요할 것으로 보입니다.

경희대학교 : 2024학년도 전형 결과

전형명	모집인원	경쟁률	충원 합격순위	최종등록자 교과성적 학생부등급
네오르네상스전형	33	21.4	35	최종 커트라인 3.5X

한양대는 2025학년도에 추천형으로 25명, 서류형으로 30명을 모집합니다. 특히 서류형 전형은 수능 최저학력기준 없이(수능 면제, 면접 없음) 학생부종합평가 100%로 뽑는 전형입니다. 과학고를 비롯한 특목고뿐만 아니라 전국단위 자사고와 우수 일반고에서 매년 합격자를 배출하고 있습니다.

한양대학교 : 2024학년도 전형 결과

전형명	모집인원	경쟁률	충원 합격순위	최종등록자 교과성적 학생부등급		평가에 반영된 교과목
				50% cut	70% cut	
학생부종합 전형	39	23.8	71	1.32	1.41	국, 영, 수, 사, 과

중앙대는 2025학년도에 CAU융합형인재에서 면접이 폐지되고, CAU탐구형인재에서 면접이 신설되었습니다. CAU융합형인재는 서류 100%로 선발하며 CAU탐구형인재는 1단계에서 서류 100%로 3.5배수를 선발한 뒤, 2단계에서 서류 70%+면접 30%로 선발합니다. 중앙대 전형도 최상위권 학생 위주로 선발하는 것으로 파악됩니다.

중앙대학교 : 2024학년도 전형 결과

전형명	모집인원	경쟁률	충원 합격순위	최종등록자 교과성적 학생부등급		평가에 반영된 교과목
				50% cut	70% cut	
CAU융합형인재 전형	11	42.0	9	1.22	1.37	전 교과
CAU탐구형인재 전형	11	37.5	17	1.74	1.98	전 교과

이화여자대학교는 2025학년도에 미래인재전형으로 18명을 선발합니다. 4합5라는 수능 최저학력기준을 요구합니다. 적은 모집인원과 높은 수능 최저로 인해 많은 학생들이 지원을 꺼리는 학교이기도 합니다. 그러나 상대적으로 일반고 선발이 많은 학교라는 점이 특징입니다. 따라서 내신 1.2 중반에 수능에 자신이 있는 여학생이라면 지원을 고려해 보시기 바랍니다.

이화여자대학교 : 2024학년도 전형 결과

전형명	모집인원	경쟁률	충원 합격순위	최종등록자 교과성적 학생부등급		평가에 반영된 교과목
				50% cut	70% cut	
미래인재 전형	13	20.8	11	1.10	1.13	

나. 경기 지역 의대 학종전형의 특징

경기 지역 의대 중 인하대는 수능 최저 기준을 적용하지 않아 전국단위 자사고 20~25등, 특목고 10위권 학생이 지원할 경우 합격률이 높은 편입니다.

인하대학교 : 2024학년도 전형 결과

전형명	모집인원	경쟁률	충원 합격순위	최종등록자 교과성적 학생부등급		평가에 반영된 교과목
				50% cut	70% cut	
인하미래인재 전형	16	21.0	9	1.05	1.08	국, 영, 수, 과
농어촌학생 전형	2	12.5	1	3명 이하 모집단위		국, 영, 수, 과

아주대와 가천대는 수능 최저 기준이 있는데, 가천대는 3개 영역 각 1등급, 아주대는 4개 영역 합 6등급입니다. 가천의약학 전형의 경우 1단계 선발배수가 5배수로 지난해 4배수보다 확대됐습니다. 두 대학 모두 자사고/특목고 출신 합격생 비율이 압도적으로 높습니다. 경기권 의대는 공동적으로 우수 일반고, 서울 및 지방 교육특구 소재 일반고 학생을 선호하는 경향이 있습니다.

아주대학교 : 2024학년도 전형 결과

전형명	모집인원	경쟁률	충원 합격순위	최종등록자 교과성적 학생부등급		평가에 반영된 교과목
				50% cut	70% cut	
ACE 전형	20	44.2	14	1.53	2.02	국, 수, 영, 사, 과

가천대학교 : 2024학년도 전형 결과

전형명	모집인원	경쟁률	충원 합격순위	최종등록자 교과성적 학생부등급	평가에 반영된 교과목
				70% cut	
가천의약학 전형	20	49.5	8	1.9	전 과목

다. 지방 국립대 학종전형의 특징

지방 국립대들의 학종전형을 살펴보겠습니다.

충남대는 매년 20명 내외의 인원을 선발해 왔으나 2025학년도에는 일반전형 20명, 서류전형 9명, 지역인재전형 25명 등 평년의 2배 이상 인원이 배정되었습니다. 대개 학력 수준이 높은 일반고 학생 위주로 선발하여 왔는데, 수학을 포함한 3개 등급 합이 5등급 이내라는 수능 최저학력기준을 만족할 수 있다면 적극적으로 지원을 고려할 필요가 있습니다.

충남대학교 : 2024학년도 전형 결과

전형명	모집인원	경쟁률	충원 합격순위	최종등록자 교과성적 학생부등급		평가에 반영된 교과목
				50% cut	70% cut	
일반전형	19	10.79	21	1.11	1.13	전 과목
서류전형	6	14.67	8	1.37	1.43	전 과목

경북대는 25학년도에 일반학생 전형 31명, 지역인재전형 58명을 선발합니다. 작년 학종 인원의 2배가 넘는 인원이 배정되는 큰 변화를 보여주고 있습니다. 일반학생전형은 서류 100%로 선발하며 지역인재전형은 1단계 서류 100%로 5배수를 뽑고 2단계 면접 30%를 적용하여 최종선발합니다. 탐구를 포함한 3개 등급 4 이내라는 꽤 높은 수능 최저학력기준을 만족할 수만 있다면 확대된 정원과 함께 좋은 결과를 얻을 수 있을 것입니다.

경북대학교 : 2024학년도 전형 결과

전형명	모집인원	경쟁률	충원 합격순위	최종등록자 교과성적 학생부등급		평가에 반영된 교과목
				50% cut	70% cut	
일반학생전형	22	35.5	7	1.83	2.13	국, 영, 수, 사, 과, 한국사
지역인재전형	39	8.8	14	1.50	1.63	

강원대는 25학년도에 미래인재Ⅱ전형으로 10명, 지역인재전형으로 20명을 선발합니다. 미래인재전형은 수능 최저 기준이 없어 내신 성적이 우수한 일반고 학생의 도전이 많지만 합격은 쉽지 않은 편입니다. 지역인재전형은 수학, 과탐을 포함하여 3개 영역 합 7등급 이내의 수능 최저학력기준을 적용하여 선발합니다.

강원대학교 : 2024학년도 전형 결과

전형명	모집인원	경쟁률	1단계 합격자의 교과성적 평균등급
미래인재Ⅱ전형	9	30.22	1.72

이들을 제외한 여타 지방 국립대들은 교과전형과 학종 선발 결과에 큰 차이가 없는 편인데, 내신 최상위권이면서 비교과가 우수한 일반고 학생에게는 기회의 문이 열려 있습니다.

라. 지방 사립대 학종전형의 특징

지방 사립대 중 한림대는 학종전형만 운영합니다. 25학년도에 학교생활우수자 전형으로 43명, 지역인재전형 19명 등을 선발합니다. 4개 영역 중 3개 합 4등급 이내라는 수능 최저학력기준을 만족해야 하며, 단계별 전형방법을 적용하며 1단계에 서류 100%로 5배수를 뽑고 2단계에 면접 30%를 적용합니다. 각 고등학교의 내신 3~4등 내 학생들은 수도권 대학을 선호하기에 한림대는 주로 7~10등 학생들이 지원하지만 합격률이 그리 높지는 않습니다.

한림대학교 : 2024학년도 전형 결과

전형명	모집인원	경쟁률	충원 합격순위	최종등록자 교과성적 학생부등급		평가에 반영된 교과목
				50% cut	70% cut	
학교생활우수자전형	21	21.81	22	1.17	1.20	국, 영, 수, 사, 과
지역인재전형	16	10.69	4	1.55	3.47	
지역인재-기초생활수급자 및 차상위계층전형	2	3.5	0	1.29	1.29	
농어촌학생전형	2	15.5	2	1.23	1.23	

순천향대는 25학년도에 일반학생전형으로 12명, 지역인재전형으로 56명을 선발합니다. 수능 최저 기준을 적용하지 않아 24학년도 일반학생 전형 같은 경우는 40.83:1이라는 높은 경쟁률을 보여주었습니다. 합격자 구성을 살펴보면 전국단위 자사고와 특목고 출신이 많으며, 50% 커트라인은 1.04~1.06으로 매우 낮은 편입니다.

전형명	모집인원	경쟁률	충원 합격순위	최종등록자 교과성적 학생부등급		평가에 반영된 교과목
				50% cut	70% cut	
일반학생전형	6	40.83	1	1.06	1.11	전 교과목
지역인재전형	7	15.29	0	1.04	1.04	전 교과목
기초생활수급자 및 차상위계층전형	2	27.00	2	1.07	1.07	전 교과목
농어촌학생전형	2	23.00	0	1.03	1.03	전 교과목

연세대 미래캠퍼스는 25학년도에 학교생활우수자전형으로 15명, 강원인재전형으로 27명 등을 선발합니다. 수능 최저학력기준은 4합5와 4합6을 각각 적용하고 있습니다. 학교생활우수자전형에서는 생기부가 탄탄한 일반고 중위권 학생(내신등급 1.5 정도)이 합격하는 경우도 꽤 있습니다.

연세대 미래캠퍼스 : 2024학년도 전형 결과

전형명	모집인원	경쟁률	충원 합격순위	최종등록자 교과성적 학생부등급		평가에 반영된 교과목
				50% cut	70% cut	
학교생활우수자전형	15	27.60	3	1.41	1.50	
강원인재(한마음)전형	2	2.00	0	2.62	2.62	
기회균형전형	3	47.00	0	1.27	1.34	
기초생활연세한마음전형	1	42.00	1	1.70	1.70	
농어촌학생전형	2	26.50	0	1.33	1.33	

단국대 천안은 25학년도에 DKU인재 면접형으로 40명을 선발합니다. 수학 포함 3개 영역 등급합 5 이내라는 수능 최저학력기준을 요구합니다. 1단계에 3배수를 뽑고 2단계에 면접 30%를 적용합니다. 현재 학종전형으로만 선발하는데 우수 일반고 5~8등 학생이 학생부 내용이 우수하다면 합격 가능성이 있습니다

전형명	모집인원	경쟁률	충원 합격순위	최종등록자 교과성적 학생부등급		평가에 반영된 교과목
				50% cut	70% cut	
DKU인재전형	15	15.47	4	1.23	1.28	국, 수, 영, 과
농어촌학생전형	2	14.00	2	1.61	1.61	국, 수, 영, 과

건국대 글로컬캠퍼스는 25학년도에 Cogito자기추천전형으로 14명, 지역인재전형으로 26명을 선발합니다. 3합4라는 수능 최저학력기준을 요구합니다. 단국대 학종과 비슷한 학종 선발 결과를 보여주고 있습니다.

건국대 글로컬캠퍼스 : 2024학년도 전형 결과

전형명	모집인원	경쟁률	충원 합격순위	최종등록자 교과성적 학생부등급		평가에 반영된 교과목
				50% cut	70% cut	
Cogito자기추천전형	12	28.92	4	1.3	1.5	

원광대는 25학년도에 힉생부종합 전형으로 26명, 지역인재 전북 전형 33명, 지역인재 호남 18명 등을 선발합니다. 지역인재전형으로 전체 정원의 65%를 뽑고 있으니 지역인재전형을 이용할 수 있는 지원자라면 적극적으로 고려할 필요가 있습니다. 수능 최저학력기준도 수학 포함하여 3합6 이라는 다소 낮은 기준이 적용됩니다.

원광대학교 : 2024학년도 전형 결과

전형명	모집인원	경쟁률	충원 합격순위	최종등록자 교과성적 학생부등급		평가에 반영된 교과목
				50% cut	70% cut	
학생부종합전형	26	12.31	28	1.14	1.16	
지역인재 I (전북)전형	33	8.03	25	1.18	1.31	
지역인재 I (광주, 전남)전형	10	8.20	16	1.08	1.20	전 교과
지역인재 II 전형	2	6.00	2	-	-	
기회균형 II 전형	2	14.50	2	-	-	
농어촌학생전형	2	15.00	3	-	-	

동국대 WISE는 25학년도에 참사람 전형으로 10명, 지역인재전형으로 15명, 지역인재 경북 전형으로 10명 등을 선발합니다. 3합4라는 수능 최저학력기준을 요구합니다.

동국대학교 WISE : 2024학년도 전형 결과

전형명	모집인원	경쟁률	충원 합격순위	최종등록자 교과성적 학생부등급		평가에 반영된 교과목
				50% cut	70% cut	
참사람전형	7	41.9	3	1.4	1.4	국, 수, 영, 사, 과
지역인재전형	7	41.9	3	1.5	1.6	국, 수, 영, 사, 과

계명대는 25학년도에 일반전형 5명(수능 최저 없음), 지역전형으로 20명(3합 4 수능 최저)을 선발합니다. 계명대는 동국대 WISE와 비슷하게 우수 일반고의 내신 7~10등에게도 기회가 될 수 있습니다.

계명대학교 : 2024학년도 전형 결과

전형명	모집인원	경쟁률	충원 합격순위	최종등록자 교과성적 학생부등급		평가에 반영된 교과목
				50% cut	70% cut	
일반전형	4	46.3	2	1.42	1.42	전 과목
지역전형	6	26.5	9	1.37	1.42	전 과목

마지막으로 지방 사립대들은 각 대학이 원하는 인재상에 따라 합격생의 특징이 뚜렷이 구분되는 편입니다. 따라서, 작년입시결과뿐만 아니라 각 학교의 모집요강에 제시한 인재상에 대해 확실한 이해를 기본으로 각 학교에 응시해야 할 것입니다.

마. 학종전형 준비 시 면접의 중요성

마지막으로 학종전형에서는 면접의 중요성을 꼭 인지해야 합니다.

학종은 다른 전형과 전형과 달리 면접의 비중이 큽니다. 일반적으로 교과전형의 면접 비중이 10~30% 수준이고, 면접 점수를 반영하는 정시의 경우에는 5~10% 수준인 데 비해, 학종전형은 면접 비중이 대체로 20~50%에 이릅니다. 게다가 서울대, 연세대, 울산대, 성균관대, 아주대, 가천대, 한림대, 건국대 등 다수의 의대에서 다중미니 면접 MMI(Multiple Mini Interview) 방식의 면접을 실시하는 등 새로운 형식의 면접을 도입하는 추세이므로 면접 경향과 지원 대학의 면접 특징에 대해 미리 준비를 할 필요가 있습니다. 또한, 면접에서는 인성, 윤리관, 교과 수준 안에서의 심층적 사고력 등을 평가하는 전형입니다. 평소 본인의 생각을 정립해두지 않고 면접에 임박하여 준비를 하는 것은 사실상 불가능에 가깝습니다. 학종전형 지원 시에는 일찌감치 면접 준비를 병행하는 것이 필수적입니다. 면접 관련 자세한 사항은 본 책의 7장을 참고하시기 바랍니다.

지금까지 각 권역에 속하는 대학들의 특징을 정리하고 작년 입시 결과를 살펴보았습니다. 여전히 어느 대학을 선택하는것이 나에게 유리한지에 대해서 명확하지 않을 수 있습니다.

다음에 명시된 3가지 항목이 의대 내신 커트라인에 큰 영향을 준다는 것을 고려하여 다시 한번 앞에 주어진 자료들을 확인해 보시기 바랍니다.

첫째, 수능 최저학력기준의 난이도를 확인해야 합니다. 기본적으로 수능 최저 기준이 어려울수록 내신 커트라인이 낮아지는 경향을 보입니다.

둘째, 대학별 내신 반영 방식을 고려해야 합니다. 전 과목을 반영하는지, 상위 일부의 과목만 반영하는지 확인해봐야 합니다.

셋째, 학생부종합전형에서의 대학별 평가 성향을 면밀히 검토해야 합니다. 내신보다 생활기록부 평가에 무게를 두는지, 아니면 내신을 일정 수준 이상 요구하는지 확인할 필요가 있습니다. 일괄전형인지 단계별 전형인지에 따라서도 합격 커트라인이 달라질 수 있습니다. 단계별 전형을 실시하는 대학이 대체로 낮은 내신 성적으로도 합격할 가능성이 높습니다.

3장을 마무리하며...

의대 교과전형 지원 가능성을 가늠하기 위해서는 본인의 내신 등급뿐 아니라 각 대학에서 발표한 예년도 입시 결과를 꼼꼼히 분석해야 합니다. 대학별 내신 환산점수 산출 방법이 모두 다르기 때문에, 본인의 원점수나 평균 등급만으로는 정확한 경쟁력을 파악하기 어렵습니다. 각 대학 입학처 사이트에서 환산점수를 꼭 계산해서 지원 가능성을 판단해야 합니다. 대학별 특징을 잘 파악해서 내신과 학생부, 수능 최저 조건을 고려해 전략적으로 지원해야 합니다.

의대 학종전형은 대학과 지역에 따라 선발 인원, 수능 최저 기준, 내신 커트라인, 비교과 반영 비중 등에서 상당한 차이를 보입니다. 내신 등급만 고려할 것이 아니라 해당 대학의 선발 방식과 인재상을 면밀히 고려해야 하며, 단계별 전형의 확대, 수능 최저의 강화 또는 폐지 등 전형 변화의 흐름도 예의주시할 필요가 있습니다. 또한 학종에서 면접의 중요성이 나날이 커지고 있는 만큼, 면접 준비 또한 소홀히 해서는 안 될 것입니다.

다시 한번 정리하자면, 해당 의대의 수능 최저 난이도, 내신 반영 방식, 학종 평가 경향 등 다양한 요소를 면밀히 분석하여 수시 지원을 결정해야 합니다.

각 대학에서 발표한 예년도 입시 결과를 꼼꼼히 분석하고 자신의 내신 수준에 맞춰 어느 대학을 우선적으로 검토해볼지 충분히 판단한 후 전략적인 지원을 하시기 바랍니다.

이 장의 내용이 의대 수시에 도전하는 수험생들에게 내신 커트라인을 분석하고 효과적인 지원 전략을 세우는 데 도움이 되길 희망하며 의대를 꿈꾸는 중학생부터 고등학생, 그리고 N수생까지 모두 수시 합격의 영광을 누리길 기원합니다.

4장

정시전형 입시결과 총정리

내 점수로 갈 수 있는 대학은 Ⅱ : 정시 정보

의대 입학 정원에 많은 변화가 있는 올해 입시에서, 수시전형 같은 경우는 지역인재전형의 확대로 인해 지원대학 선택부터 많은 고민을 요구합니다. 그에 비해 수능 성적으로 선발되는 정시는 합격 커트라인에 대한 예측이 상대적으로 용이한 편입니다. 게다가 정시 증원 인원이 그리 크지 않기 때문에 작년과 꽤 비슷한 입시 결과가 나올것으로 예상됩니다.[올해 정시 의대 인원은 331명 증원된 1,492명입니다. 이 숫자는 총 4,610명 의대 정원의 32.4%에 해당합니다. 숫자는 늘었지만 전체 인원대비 비율로 생각하면 37.3%(1,161/3,113)에서 32.4%(1,492/4,610)로 축소된 상태입니다.]

따라서 2024년도 의대 정시 합격생들의 성적을 분석해보면 올해 합격을 위해 필요한 점수가 얼마인지 어느 정도 예측해 볼 수 있을 것입니다.

증원된 의대 정원 발표와 함께 전문가 집단이 예측하는 기본 방향은, '상위권 의대는 거의 변화가 없겠지만, 하위권 의대는 증원 효과를 어느 정도 받아서 작년 기준 수도권 약대, 수의대, 혹은 치대, 한의대 성적으로 하위권 의대 지원이 일부 가능할 것이다'입니다. 이런 예측에 대해서 실데이터를 가지고 고민해보겠습니다.

가. 의대 지원자들의 학교 선호도

정시는 수능을 통한 줄 세우기에 해당하는 전형입니다.

그러다보니 의대 지원자들의 학교 선호도가 자연스럽게 합격 커트라인에 반영되어 나타나고 있습니다. 따라서 대학별 선호도를 알고 접근할 필요가 있습니다.

일단 의대 지원자들은 서울대, 연세대, 가톨릭대, 성균관대, 울산대의 5대 메이저 의대와 고려대 등을 가장 선호합니다. 그다음으로는 서울권 의대(한양대, 중앙대, 경희대 등)와 수도권 의대(아주대, 인하대, 가천대) 그리고 순천향대, 한림대, 인제대의 삼룡이 의대를 선호하는 편입니다. 이어서 경북권 의대와 지방 거점대(부산대, 경북대, 충남대, 전남대 등), 그리고 지방 의대 순입니다.

이것은 단순한 대학 줄 세우기가 아닌, 대학 선택 시 현실적으로 부딪히는 문제이기에 이를 고려한 지원 전략이 필요합니다.

예를 들어, 가군에 울산대에 합격하고, 나군에 중앙대에 합격한 경우, 많은 학생들이 울산대를 최종적으로 선택하고 있습니다.

이러한 선호도 차이를 염두에 두고 바로 합격 커트라인을 살펴보겠습니다.

24학년도 의대 합격생의 전반적인 수능 합격 커트라인을 알아보고 학교별 합격자의 개별 점수 사례를 확인하여, 구체적인 합격 가능성에 대해서 고려해 보도록 하겠습니다.

마지막으로, 대교협에서 발표한 24학년도 합격자 70% cut 평균 점수도 학교별로 정리하였습니다.

나. 의대 합격생 분석 : 일반적인 관점

2024학년도 수능은 국어가 특히 어려웠습니다. 그로 인해 국어 만점의 표준점수가 전년도에 비해 높은 점수를 보여주었습니다. 이처럼 해마다 예상치 않은 사항이 한두 가지씩 생긴다는 것을 생각하고, 아래 내용을 절대적인 합격 커트라인이라기보다는 참고자료 정도로 이해하기 바랍니다.

1. 서울대

특별히 고민할 요소가 없습니다. 언어에서 한 문제 정도 틀리는 게 현실적인 합격 커트라인입니다. 여기에 더해서, 서울대 의대 지원 시, 고려해야 할 중요한 요소는 서울대는 과탐Ⅱ에 가산점을 부여한다는 점입니다. 이로 인해, 과탐Ⅰ만 선택하여 수능에서 모든 과목 만점을 받더라도 불합격할 수 있는 상황이 발생할 수 있습니다. 따라서 과탐Ⅱ 선택은 서울대 의대를 쓴다면 필수요소입니다.

2. 가톨릭대

	국어	수학	탐구1	탐구2
표준점수	146	144	69	68
원점수	97	96	50	50

국어에서 한 문제, 수학에서 한 문제 이렇게 '총 2개' 틀린 경우를 합격 커트라인으로 고려할 수 있습니다.

3. 연세대, 성균관대, 울산대, 고려대

	국어	수학	탐구1	탐구2
표준점수	146	144	66	68
원점수	97	96	47	50

　국어에서 한 문제, 수학에서 한 문제, 과탐에서 한 문제 '총 3문제'를 틀리는 정도가 위 대학들의 커트라인으로 추정되고 있습니다.

　이 점수에서 표준점수로 1점~2점 정도 낮아지면 '한양대, 가천대, 아주대'의 합격 커트라인으로 생각할 수 있습니다.

4. 한양대, 중앙대, 경희대, 인하대, 순천향대

	국어	수학	탐구1	탐구2
표준점수	146	144	66	65
원점수	97	96	47	47

　국어에서 한 문제, 수학에서 한 문제, 과탐에서 두 문제 '총 4문제'를 틀리는 정도가 위 대학들의 합격할 수 있는 커트라인으로 봅니다.

5. 한림대, 인제대, 을지대, 이화여대, 강원대, 부산대

	국어	수학	탐구1	탐구2
표준점수	143	144	66	65
원점수	94	96	47	47

　국어에서 두 문제, 수학에서 한 문제, 과탐에서 두 문제 '총 5문제'를 틀린 경우가 합격 커트라인으로 여겨집니다.

6. 건양대, 경북대, 충남대, 계명대, 동국대(WISE)

	국어	수학	탐구1	탐구2
표준점수	140	144	66	65
원점수	91	96	47	47

국어 세 문제, 수학 한 문제, 과탐에서 두 문제로 '총 6문제' 틀리는 정도가 커트라인으로 여겨집니다.

7. 고신대, 단국대, 대구가톨릭대, 전남대, 전북대, 제주대, 연세대 미래, 영남대

	국어	수학	탐구1	탐구2
표준점수	137	144	66	65
원점수	88	96	47	47

국어 네 문제, 수학 한 문제, 과탐에서 두 문제로 '총 7문제' 틀리는 정도가 커트라인으로 여겨집니다.

2024학년도는 국어가 어려웠던 관계로 국어의 오답 개수로 일반적인 합격 커트라인을 순차적으로 정리하고 있지만 매해 이야기되는 전국 의대의 전체 합격 마지노선은 총 7개 정도의 오답 개수가 일반적입니다.

앞에서 언급된 '총 7문제'보다 수학에서 한 문제 정도 더 틀려 '총 8문제'가 합격 커트라인으로 형성되었던 '건국대 글로컬, 원광대, 조선대, 가톨릭관동대' 같은 경우는 평소보다 합격라인이 낮아진 경우입니다. (소위 말하는 펑크가 난 경우이죠.)

원점수 기준으로 국어 88점, 수학 88점, 과탐(1) 47점, 과탐(2) 47점(총 9문제)이 합격 커트라인으로 알려진 충북대 의예과 같은 경우는 평소와는 다른 합격선으로 크게 펑크가 난 경우임을 인지하셔야 됩니다.

즉, 조선대, 건국대 글로컬, 원광대, 가톨릭관동대, 충북대 등은 24학년도에 일시적으로 합격 커트라인이 무너진 경우이므로 2025학년도 입시에서는 작년 입시결과와는 다른 변수가 발생할 수 있음을 알아야 합니다.

　마지막으로 요약해보면, 수능에서 7개 정도 틀리는 경우가 현실적으로 의대 지원을 해볼 수 있는 마지노선이라는 점입니다. 그리고 지역인재전형의 경우 앞에서 언급된 합격라인보다 1문제에서 2문제 성도 낮아지는 경우가 많으니 지역인재전형을 지원할 수 있는 지원자는 지역인재전형을 적극적으로 이용하는 부분을 고려해야 합니다.

다. 의대 합격생 분석 : 대학별 합격 사례

위에서 의대 선호도와 함께 일반적으로 추정되는 대학별 합격라인에 대해 점검해봤다면, 이제는 지역별 주요 대학의 실제 합격자 사례를 통해 좀 더 구체적인 입시 전략을 살펴보겠습니다.

다음 항목들을 중심으로 합격자 사례를 분석하시면 더 유용한 정보를 얻을 수 있을 것입니다.

첫째, 각 의대가 가군, 나군, 다군 어디에 속해있는지 확인하세요. 경우에 따라서 추가 합격을 고려한 지원도 가능합니다.

둘째, 각 학교에 충분히 합격 가능한 점수와 합격 cut에 언급된 점수를 구별하십시오. 게다가 추가 합격을 통한 합격인지 최초 합격인지에 대해서도 확인합니다.

셋째, 각 학교별로 성적 반영을 백분위 점수로 하는지 아니면 표준점수를 기준으로 하는지도 점검하십시오.

넷째, 내가 지원하고자 하는 학교만의 특별한 부분이 있는지 확인합니다. 예를 들어, 서울대 의대는 과학탐구에서 Ⅱ 과목에 대한 표준 배점이 다르기 때문에 과학탐구 Ⅰ 만을 선택한 조합으로는 표준점수를 만회하기 어렵습니다. 조선대 의대는 과탐 과목을 한 가지만 반영하는 특징이 있습니다.

위에서 언급된 부분을 기본으로 각자에게 가장 효과적인 지원 전략을 고려하시기 바랍니다.

먼저 2024학년도 주요 의대의 정시 합격선은 다음과 같습니다.

대학	학과	표준점수	백분위
서울대	의예	430	299
연세대	의예	430	299
성균관대	의예	428	299
한양대	의예	424	298
부산대	의예	419	297
인제대	의예	419	297

경북대	의예	418	297
동아대	의예	416	296
고신대	의예	415	296
원광대	의예	415	296
제주대	의예	413	295

그럼 서울 지역부터 차례대로 개별 합격자 사례를 살펴보겠습니다.

1. 서울 지역

ㄱ. 서울대 의대

나군에 속합니다. 과학탐구Ⅱ 과목의 표준점수가 합격, 불합격에 지대한 영향을 미칠 수 있습니다.

합격자 사례 (1)

	국어	수학	탐구1	탐구2	영어
표준점수	147	145	74	72	
백분위	100	100	99	98	
등급	1	1	1	1	1

국어에서 1개, 수학에서 1개 틀렸습니다. 탐구 과목을 모두 Ⅱ 과목으로 선택하여 높은 표준점수를 얻어 최종 합격한 지원자입니다.

합격자 사례 (2)

	국어	수학	탐구1	탐구2	영어
표준점수	140	145	68	80	
백분위	99	100	99	100	
등급	1	1	1	1	2

서울대 의예과의 합격 cut 라인에 형성되는 사례입니다. 국어에서의 아쉬운 성적을 과학탐구Ⅱ

의 표준점수 80점이 보완하여 서울대 합격이라는 결과로 이어졌습니다.

(국어는 원점수 90점으로 4개~5개를 틀린 상태입니다. 그럼에도 불구하고 140점의 표준점수를 보인다는 것은 그만큼 작년 수능의 국어 영역이 어려웠다는 반증이기도 합니다.)

ㄴ. 연세대 의대

가군에 속하는 최상위권 대학입니다.

합격생 사례 (1)

	국어	수학	탐구1	탐구2	영어
표준점수	147	144	67	69	
백분위	100	100	97	99	
등급	1	1	1	1	1

국어는 3점 문항 1개, 수학 1개, 탐구영역에서 1개 틀려서 총 3개를 틀렸습니다. 국어와 수학 점수가 압도적이어서 연세대 의예과에 합격할 수 있었습니다.

합격생 사례 (2)

	국어	수학	탐구1	탐구2	영어
표준점수	150	146	66	68	
백분위	100	100	96	99	
등급	1	1	1	1	1

국어는 만점, 수학은 1개, 탐구는 1문제 틀려서 총 2개를 틀렸습니다. 성균관대, 가톨릭대, 울산대, 고려대 합격 가능한 점수이나 서울대는 표준점수로 2~3점 정도가 부족해서 불합격입니다. (서울대는 과학탐구Ⅱ에서의 표준점수 차이가 많은 부분을 결정합니다.)

ㄷ. 성균관대 의대

가군에 속하는 상위권 의대입니다.

합격생 사례

	국어	수학	탐구1	탐구2	영어
표준점수	142	148	69	69	
백분위	99	100	99	99	
등급	1	1	1	1	1

국어는 원점수 92점(3~4문제 틀림), 수학은 만점, 탐구 2과목 모두 만점입니다.

연세대, 고려대, 가톨릭대, 울산대, 한양대 의예과 모두 합격 가능한 점수입니다.

ㄹ. 고려대 의대

가군에 속하는 의대입니다. 선호도로 보면 서울대, 연세대, 성균관대, 가톨릭대, 울산대 다음의 6
순위에 해당하는 대학입니다.

합격생 사례

	국어	수학	탐구1	탐구2	영어
표준점수	140	148	67	68	
백분위	100	100	97	99	
등급	1	1	1	1	1

국어는 원점수 90점(5개 틀림), 수학은 만점, 탐구는 1문제를 틀렸습니다. 고려대 의대의 합격자
cut 라인에 근접한 점수라고 할 수 있겠습니다. 연세대 의대에서도 cut 라인에 가까운 점수입니다.

ㅁ. 한양대 의대

가군에 위치합니다. (2026학년도부터 나군으로 이동합니다.)

합격생 사례

	국어	수학	탐구1	탐구2	영어
표준점수	137	148	67	68	
백분위	98	100	97	99	
등급	1	1	1	1	1

수학에서 만점을 맞고 탐구에서 1문제를 틀렸습니다. 국어점수가 약간 아쉬운데, 국어에서 6~7개를 틀렸으나 합격하였습니다.

ㅂ. 중앙대 의예과

나군에 위치합니다. 서울대를 제외하고 나군에서 선호도 상위권에 속하는 대학입니다.

합격자 사례

	국어	수학	탐구1	탐구2	영어
표준점수	141	141	69	68	
백분위	99	99	99	99	
등급	1	1	1	1	1

탐구 영역은 2과목 모두 만점을 맞았으나 국어와 수학의 표준점수가 낮습니다. 중앙대 의대의 합격 cut 라인에 가까운 점수입니다.

ㅅ. 경희대 의대

나군의 최상위권 의대입니다. 가군 상위 의대로의 합격자 이탈로 추가 합격이 많이 발생했습니다.

합격자 사례

	국어	수학	탐구1	탐구2	영어
표준점수	136	145	67	68	
백분위	98	100	97	99	
등급	1	1	1	1	1

수능 기준으로 탐구1은 1개 틀리고 탐구2는 만점, 수학은 1개 틀렸습니다. 그러나 국어에서 원점수로는 86점 즉, 2점 문항으로 7개 틀렸습니다.

정리하자면 국어 7개, 수학 1개, 탐구 1개 해서 9문제나 틀렸는데도 합격한 경우입니다.

지난해 경희대 의대 추가 합격이 꽤 많이 돌면서 사례에 언급된 학생 역시 합격했습니다.

ㅇ. 이화여대 의대

나군에 속합니다. 특이하게도 자연계와 인문계로 나눠서 모집하였습니다. (인문 8명, 자연 55명 선발)

합격생 사례

	국어	수학	탐구1	탐구2	영어
표준점수	143	137	69	68	
백분위	100	98	99	99	
등급	1	1	1	1	1

국어는 3문제, 수학은 3~4문제 틀리고, 탐구 2개는 만점입니다. 낮은 수학점수에도 불구하고 합격하였습니다.

2. 강원 지역

ㄱ. 한림대 의대

가군에 속합니다.

합격생 사례

	국어	수학	탐구1	탐구2	영어
표준점수	137	145	67	68	
백분위	98	100	97	99	
등급	1	1	1	1	1

수학 1개, 탐구 1개 틀렸지만, 국어가 원점수로 88점입니다. 낮은 국어 점수 때문에 수도권 의대 지원은 어려웠으나 한림대 의대는 최초 합격권에 속하는 점수입니다. 한림대는 소위 지방 3룡의대 (한림대, 인제대, 순천향대)에 속하기에 합격점수가 높은 편입니다.

한림대학교 의예과 최초 합격자의 백분위 컷은 국어 98, 수학 100, 탐구 96.7였습니다.

3. 대전 지역

ㄱ. 충남대 의대

가군에 속합니다.

합격생 사례

	국어	수학	탐구1	탐구2	영어
표준점수	135	144	67	68	
백분위	97	100	98	99	
등급	1	1	1	1	1

수학 1문제 틀리고, 탐구 과목에서 하나 틀렸지만 국어 점수가 아쉽습니다. 충대 의대의 합격 cut 라인에 해당하는 점수입니다.

충남대학교 의예과 최초 합격자의 백분위 컷은 국어 97.5, 수학 99.5, 탐구 95였습니다.

4. 충남 지역

ㄱ. 단국대(천안) 의대

다군에 속합니다.

합격생 사례 (1)

	국어	수학	탐구1	탐구2	영어
표준점수	143	144	65	65	
백분위	100	100	94	95	
등급	1	1	2	1	1

상당히 좋은 국어점수, 수학점수에도 불구하고 탐구 점수가 낮아 수도권 의예과를 쓸 수 없었습니다. 다군에 속하는 단국대는 최초 합격으로 붙었으나 상향으로 지원한 가군, 나군에서는 합격하

지 못했습니다.

합격생 사례 (2)

	국어	수학	탐구1	탐구2	영어
표준점수	137	144	64	68	
백분위	98	100	93	99	
등급	1	1	2	1	1

단국대 의대를 추가 합격으로 붙은 학생입니다. 탐구 하나가 2등급이고 국어 영역이 원점수로 87점을 획득하여 가군, 나군에는 쓸 수 있는 의대가 없었습니다.

5. 대구 지역

ㄱ. 경북대 의대
가군에 속합니다.

합격생 사례

	국어	수학	탐구1	탐구2	영어
표준점수	138	141	69	68	
백분위	99	99	99	99	
등급	1	1	1	1	1

국어는 89점으로 5문제 틀렸고, 수학은 2문제 틀렸습니다. 탐구는 2과목 모두 만점입니다.

추가 합격으로 경북대 의예과에 합격한 사례입니다.

경북대학교 의예과 최초 합격자의 백분위 컷은 국어 98, 수학 98, 탐구 95였습니다.

ㄴ. 계명대 의대
다군에 속합니다. 백분위를 활용하여 합격자를 선발합니다.

합격생 사례

	국어	수학	탐구1	탐구2	영어
표준점수	145	134	67	67	
백분위	100	97	97	98	
등급	1	1	1	1	1

국어 때문에 합격할 수 있었던 사례입니다. 국어 원점수는 95점으로 누적으로 볼 때 0.16%에 해당하는 아주 좋은 점수였습니다. 수학 원점수가 84점이라서 표준점수를 보는 대학이라면 의예과를 전혀 지원할 수 없었을 것입니다.

계명대학교 의예과 최초 합격자의 백분위 컷은 국어 98, 수학 98, 탐구 96였습니다.

6. 경북 지역

ㄱ. 영남대 의대

나군에 속하는 학교로 백분위를 반영하여 합격자를 선발합니다.

합격생 사례

	국어	수학	탐구1	탐구2	영어
표준점수	146	138	67	65	
백분위	100	99	98	95	
등급	1	1	1	1	1

국어를 다 맞아 백분위가 100입니다. 영남대를 추가 합격으로 붙은 학생의 사례입니다.

영남대학교 의예과 최초 합격자의 백분위 컷은 국어 98, 수학 99, 탐구 96.5였습니다.

7. 부산 지역

ㄱ. 부산대 의대

나군에 속합니다. 백분위를 반영하여 합격자를 선발합니다.

합격생 사례

	국어	수학	탐구1	탐구2	영어
표준점수	148	137	65	69	
백분위	100	98	93	99	
등급	1	1	2	1	1

국어를 한 개 틀려서 표준점수가 148점이 나왔습니다. 어려웠던 국어 시험을 고려하면 무척 좋은 점수입니다. 수학은 3개를 틀려 원점수 88점으로 표준점수 137점을 얻었습니다. 탐구 한 과목은 다 맞았고 하나는 아쉽게도 2등급을 맞았습니다. 부산대 의예과 합격 cut 라인에 위치한 점수라 할 수 있습니다.

부산대학교 의예과 최초 합격자의 백분위 컷은 국어 98, 수학 99, 탐구 97이었습니다.

ㄴ. 고신대 의대

다군에 속합니다. 고신대 의예과는 의예과 중 합격 점수 기준 가장 마지막 라인에 속하는 학교입니다.

	국어	수학	탐구1	탐구2	영어
표준점수	143	144	65	62	
백분위	100	100	93	87	
등급	1	1	2	2	2

수학은 1개 틀리고 국어는 원점수 93점(3~4개 틀림)을 맞았습니다. 국어/수학에서 백분위 100을 획득했으나 탐구에서 무너져 전체 점수가 하락하였습니다. 고신대 최초 합격 점수입니다.

고신대학교 의예과 최초 합격자의 백분위 컷은 국어 97, 수학 99, 탐구 91.5였습니다.

8. 광주 지역

ㄱ. 전남대 의대
가군에 속합니다.

합격생 사례 (1)

	국어	수학	탐구1	탐구2	영어
표준점수	140	142	64	65	
백분위	99	99	93	95	
등급	1	1	2	1	1

국어 백분위 99, 수학 백분위 99로 좋으나 탐구 점수가 아쉬워서 수도권 의대는 지원이 어려운 학생입니다. 전남대 의대에 점수 맞춰 지원한 합격 사례입니다.

합격생 사례 (2)

	국어	수학	탐구1	탐구2	영어
표준점수	129	145	67	68	
백분위	93	100	97	99	
등급	2	1	1	1	1

국어가 2등급임에도 추가 합격으로 합격한 사례입니다. (이 점수로 가군에서 합격했다는 것은 매우 희귀한 사례 중 하나입니다.) 사실상 전남대 합격 cut 라인에 위치한 학생입니다.

전남대학교 의예과 최초 합격자의 백분위 컷은 국어 99, 수학 99, 탐구 92였습니다.

ㄴ. 조선대 의대
가군에 속합니다. 특이하게도 탐구는 1과목만 반영합니다.

합격생 사례 (1)

	국어	수학	탐구1	탐구2	영어
표준점수	136	144	66	55	
백분위	99	99	99	63	
등급	1	1	1	4	1

수능 원점수로 국어 88점, 수학 96점, 과탐(1)은 48점, 과탐(2)는 32점을 획득했습니다. 조선대 의대가 탐구 하나만을 적용하기 때문에 합격할 수 있었던 사례입니다.

합격생 사례 (2)

	국어	수학	탐구1	탐구2	영어
표준점수	139	141	63	64	
백분위	99	99	88	93	
등급	1	1	2	2	1

지역인재로 붙은 학생으로써, 국어/수학/영어/탐구2의 점수를 반영하여 합격의 영광을 얻었습니다. 조선대 의대만이 갖는 '탐구 1과목 반영'이라는 특이사항으로 합격할 수 있었던 학생으로서, 다른 학교 의예과는 쓸 수 없는 점수였습니다.

조선대학교 의예과 최초 합격자의 백분위 컷은 국어 99, 수학 99, 탐구 97였습니다.

9. 전북 지역

ㄱ. 전북대 의대

나군에 속합니다.

합격생 사례 (1)

	국어	수학	탐구1	탐구2	영어
표준점수	139	137	66	68	
백분위	99	98	96	99	
등급	1	1	1	1	1

탐구 한 과목은 만점을 획득했습니다. 전북대 의대의 합격 cut 라인에 가까운 성적입니다.

합격생 사례 (2)

	국어	수학	탐구1	탐구2	영어
표준점수	142	140	64	69	
백분위	100	99	91	99	
등급	1	1	2	1	1

탐구 한 과목은 만점을 획득했습니다. 국어와 수학 점수도 무난합니다. 점수에 맞춰 안전 지원한 학생의 사례입니다.

전북대학교 의예과 최초 합격자의 백분위 컷은 국어 99, 수학 99, 탐구 97였습니다.

10. 제주 지역

ㄱ. 제주대 의대

다군에 속합니다. 백분위를 기준으로 합격자를 선정합니다.

합격생 사례

	국어	수학	탐구1	탐구2	영어
표준점수	136	134	67	68	
백분위	98	97	98	99	
등급	1	1	1	1	1

국어 원점수 86점, 수학 원점수 84을 맞고 탐구는 하나를 틀린 사례입니다. 가/나군으로 의대 합격생 연쇄 이동을 통해 예상보다 낮은 합격 커트라인을 보여주고 있습니다. 제주대 의대는 국어/수학 백분위 평균 98이면 합격권에 위치한다고 볼 수 있습니다.

라. 2024학년도 정시 - 수능 위주 전형 대교협 자료

대교협(한국대한교육협의회)에서 운영하는 대학 어디가(www.adiga.kr) 사이트에 올라와 있는 각 대학의 2024학년도 합격자 정보입니다.

각 대학에서 제공한 데이터를 받아 만들어진 자료이기에 수능 원점수 기준에 익숙한 우리에겐 약간은 낯선 자료입니다. (각 대학은 대학별 환산점수를 기준으로 합격자 정보를 제공합니다.)

그러나, 최종등록자 70% cut의 평균백분위나 충원합격순위 등을 살펴보는 것만으로도 각 학교별 합격 난이도 관련해서 짐작할 수 있는 부분들이 있을 것입니다.

앞에서 다루었던 대학별 합격 사례와 함께 고려하여 살펴보시기 바랍니다.

* 각 대학별 환산 점수가 수능 원점수와 어떻게 다른지 알고 싶으신 분은 대학별 입학처에 게시된 입시요강 자료를 확인해 주세요.

가천대학교

구분	모집단위	모집인원	경쟁률	충원합격순위	대학별 환산		최종등록자 70% cut 평균 (백분위)
					최종등록자 70% cut	총점 (수능)	
가군	의예과	15	5.93	17	98.8	100	98.8

가톨릭관동대학교

구분	모집단위	모집인원	경쟁률	충원합격순위	대학별 환산		최종등록자 70% cut 평균 (백분위)
					최종등록자 70% cut	총점 (수능)	
다군	의예과	20	13.0	71	1,005.10	1,000	97.83

가톨릭대학교

구분	모집단위	모집인원	경쟁률	충원합격순위	대학별 환산		최종등록자 70% cut 평균 (백분위)
					최종등록자 70% cut	총점 (수능)	
가군	의예과	37	3.03	18	749.63	1,000	99.33

강원대학교

구분	모집단위	모집인원	경쟁률	충원합격순위	대학별 환산		최종등록자 70% cut 평균 (백분위)
					최종등록자 70% cut	총점 (수능)	
가군	의예과	16	6.88	36	494.253	516.5	98.75

건국대학교(글로컬)

구분	모집단위	모집인원	경쟁률	충원합격순위	대학별 환산	
					최종등록자 70% cut	최고점
나군	의예과(일반)	9	5.00	8	962.8	968.8
나군	의예과(지역인재)	9	5.22	6	963.4	960.4

건양대학교

구분	모집단위	모집인원	경쟁률	충원합격순위	수능백분위			
					최고	50% cut	70% cut	최저
가군	의학과	14	6.9	35	395.20	394.20	393.80	392.80

경북대학교

구분	모집단위	모집인원	경쟁률	충원합격순위	대학별 환산		최종등록자 70% cut 평균 (백분위)
					최종등록자 70% cut	총점 (수능)	
가군	의예과	22	5.8	23	748.75	1,000	295.86

경상국립대학교

구분	모집단위	모집인원	경쟁률	충원합격순위	대학별 환산		최종등록자 70% cut 평균 (백분위)
					최종등록자 70% cut	총점 (수능)	
가군	의예과(일반)	7	9.57	5	1,005.13	1,000	96.33
가군	의예과(지역)	19	3.89	11	989.07	1,000	96.33

경희대학교

구분	모집단위	모집인원	경쟁률	충원합격순위	대학별 환산		최종등록자 70% cut 평균 (백분위)
					최종등록자 70% cut	총점 (수능)	
나군	의예과	44	6.6	147	600.80	800	98.67

계명대학교

구분	모집단위	모집인원	경쟁률	충원합격순위	대학별 환산		최종등록자 70% cut 평균 (백분위)
					최종등록자 70% cut	총점 (수능)	
다군	의예과	26	16.2	75	99.75	101.25	294

고려대학교

구분	모집단위	모집인원	경쟁률	충원합격순위	대학별 환산		최종등록자 70% cut 평균 (백분위)
					최종등록자 70% cut	총점 (수능)	
가군	의과대학	35	3.26	1	724.53	1,000	99

고신대학교

구분	모집단위	모집인원	경쟁률	충원합격순위	대학별 환산		최종등록자 70% cut 평균 (백분위)
					최종등록자 70% cut	총점 (수능)	
다군	의예과(일반)	13	35.23	115	685.50	1,000	95.33
다군	의예과(지역인재)	13	20.69	61	678.50	1,000	97.00

단국대학교

구분	모집단위	모집인원	경쟁률	충원합격순위	대학별 환산		최종등록자 70% cut 평균 (백분위)
					최종등록자 70% cut	총점 (수능)	
다군	의예과	25	16.76	123	960.6	1,000	96.06

대구가톨릭대학교

구분	모집단위	모집인원	경쟁률	충원합격순위	대학별 환산		최종등록자 70% cut 평균 (백분위)
					최종등록자 70% cut	총점 (수능)	
다군	의예과	15	17.9	67	557.15	577.6	291.70

동국대학교(WISE)

구분	모집단위	모집인원	경쟁률	충원합격순위	대학별 환산		최종등록자 70% cut 평균 (백분위)
					최종등록자 70% cut	총점 (수능)	
다군	의예과	9	22.3	27	995.5	1,000	97.8

동아대학교

구분	모집단위	모집인원	경쟁률	충원합격순위	대학별 환산		최종등록자 70% cut 평균 (백분위)
					최종등록자 70% cut	총점 (수능)	
나군	의예과(일반)	5	11.00	21	615.00	800	98.00
나군	의예과(지역인재)	14	4.79	3	609.00	800	98.00

부산대학교

구분	모집단위	모집인원	경쟁률	충원합격순위	대학별 환산		최종등록자 70% cut 평균 (백분위)
					최종등록자 70% cut	총점 (수능)	
나군	의예과(일반)	25	3.7	10	765.50	1,000	98.00
나군	의예과(지역인재)	24	3.2	2	763.00	1,000	98.33

서울대학교

구분	모집단위	모집인원	경쟁률	충원합격순위	대학별 환산		최종등록자 70% cut 평균 (백분위)
					최종등록자 70% cut	총점 (수능)	
나군	의예과(지역균형)	10	3.60	0	434.1	-	99
나군	의예과(일반)	29	3	0	435.8	-	99

성균관대학교

구분	모집단위	모집인원	경쟁률	충원합격순위	대학별 환산		최종등록자 70% cut 평균 (백분위)
					최종등록자 70% cut	총점 (수능)	
가군	의예과	10	4.10	13	713.83	1,000	99.00

순천향대학교

구분	모집단위	모집인원	경쟁률	충원합격순위	대학별 환산		최종등록자 70% cut 평균 (백분위)
					최종등록자 70% cut	총점 (수능)	
다군	의예과(일반)	28	21.46	139	1,005.7	1,008	102.85
다군	의예과(지역인재-기초생활 및 차상위계층)	2	9.50	1	986.82	1,008	93.41

아주대학교

구분	모집단위	모집인원	경쟁률	충원합격순위	대학별 환산		최종등록자 70% cut 평균 (백분위)
					최종등록자 70% cut	총점 (수능)	
나군	의학과	10	3.5	2	968.09	1,000	98.83

연세대학교

구분	모집단위	모집인원	경쟁률	충원합격순위	대학별 환산		최종등록자 영역별 70% cut				
					최종등록자 70% cut	총점 (수능)	국어	수학	탐구	평균	영어
							백분위				등급
가군	의예과	47	3.43	12	677.475	910	100	100	98	99	1
가군 (고른기회전형 : 연세한마음학생)	의예과	1	19.00	1	-	910	-				-
가군 (고른기회전형 : 농어촌학생)	의예과	1	6.00	0	-	910	-				-

연세대학교(미래)

구분	모집단위	모집인원	경쟁률	충원합격순위	대학별 환산		최종등록자 70% cut 평균 (백분위)
					최종등록자 70% cut	총점 (수능)	
나군	의예과	21	5.38	21	737.27	1,010	97.67

영남대학교

구분	모집단위	모집인원	경쟁률	충원합격순위	대학별 환산		최종등록자 70% cut 평균 (백분위)
					최종등록자 70% cut	총점 (수능)	
나군	의예과	22	4.23	23	796.40	810	98.33
나군	의예과(지역인재)	15	3.33	10	793.60	800	97.83

울산대학교

구분	모집단위	모집인원	경쟁률	충원합격순위	대학별 환산		최종등록자 70% cut 평균 (백분위)
					최종등록자 70% cut	총점 (수능)	
가군	의예과	10	3.40	1	980.99	1,000	74.37

원광대학교

구분	모집단위	모집인원	경쟁률	충원합격순위	대학별 환산		최종등록자 70% cut 평균 (백분위)
					최종등록자 70% cut	총점 (수능)	
나군	의예과	22	4.45	21	516	700	97.5

을지대학교

구분	모집단위	모집인원	경쟁률	충원합격순위	대학별 환산·등록자 평균	
					수능	총점
나군	의예과	15	5.1	29	99.21	992.10

이화여자대학교

구분	모집단위	모집인원	경쟁률	충원합격순위	대학별 환산		최종등록자 70% cut 평균 (백분위)
					최종등록자 70% cut	총점 (수능)	
나군	의예과(인문)	8	3.6	0	972.51	1,010	96.83
나군	의예과(자연)	55	2.8	8	973.2	1,010	98.50

인제대학교

구분	모집단위	모집인원	경쟁률	충원합격순위	대학별 환산		최종등록자 70% cut 평균 (백분위)
					최종등록자 70% cut	총점 (수능)	
가군	의예과	22	4.91	36	551	735	97.50
가군	의예과(지역인재)	16	4.13	17	543	735	96.75

인하대학교

구분	모집단위	모집인원	경쟁률	충원합격순위	대학별 환산		최종등록자 70% cut 평균 (백분위)
					최종등록자 70% cut	총점 (수능)	
다군	의학과	16	33.8	279	966.40	1,000	98.67

전남대학교

구분	모집단위	모집인원	경쟁률	충원합격순위	대학별 환산		최종등록자 70% cut 평균 (백분위)
					최종등록자 70% cut	총점 (수능)	
가군	의예과	19	6.2	36	968.075	1,000	97.67
가군	의예과(지역인재)	13	4.5	11	969.462	1,000	98.33

전북대학교

구분	모집단위	모집인원	경쟁률	충원합격순위	대학별 환산		최종등록자 70% cut 평균 (백분위)
					최종등록자 70% cut	총점 (수능)	
나군	의예과(일반)	29	4.1	27	382.27	500	98.33
나군	의예과(지역인재Ⅱ)	29	3.6	3	378.50	500	97.50

제주대학교

구분	모집단위	모집인원	경쟁률	충원합격순위	대학별 환산		최종등록자 70% cut 평균 (백분위)
					최종등록자 70% cut	총점 (수능)	
나군	의예과(일반)	12	6.67	12	992	1,000	97.67
나군	의예과(지역인재)	8	3.75		979	1,000	97.67

조선대학교

구분	모집단위	모집인원	경쟁률	충원합격순위	대학별 환산		최종등록자 70% cut 평균 (백분위)		
					최종등록자 70% cut	총점 (수능)	국어	수학	탐구
가군	의예과(일반)	26	5.5	27	801.2	800	99.00	98.00	99.00
가군	의예과(지역인재)	32	3	13	798.40	800	99.00	97.00	99.00

중앙대학교

구분	모집단위	모집인원	경쟁률	충원합격순위	대학별 환산		최종등록자 70% cut 평균 (백분위)
					최종등록자 70% cut	총점 (수능)	
나군	의학부	45	3.6	29	817.23	1,000	98.77

충남대학교

구분	모집단위	모집인원	경쟁률	충원합격순위	대학별 환산		최종등록자 70% cut 평균 (백분위)
					최종등록자 70% cut	총점 (수능)	
가군	의예과(일반)	15	9.8	29	208.95	300	96.25
가군	의예과(지역인재)	26	3.7	16	206.80	300	97.30
가군	의예과(지역인재 저소득층)	3	5.0	2	182.19	300	83.55

충북대학교

구분	모집단위	모집인원	경쟁률	충원합격순위	대학별 환산		최종등록자 70% cut 평균 (백분위)
					최종등록자 70% cut	총점 (수능)	
나군	의예과(일반)	16	5.9	14	990.85	1,000	96.75
나군	의예과(지역인재)	12	4.9	10	990	1,000	96.72

한림대학교

구분	모집단위	모집인원	경쟁률	충원합격순위	대학별 환산		최종등록자 70% cut 평균 (백분위)
					최종등록자 70% cut	총점 (수능)	
나군	의예과	38	2.97	7	967.54	1,000	97.75

한양대학교

구분	모집단위	모집인원	경쟁률	충원합격순위	대학별 환산		최종등록자 70% cut 평균 (백분위)
					최종등록자 70% cut	총점 (수능)	
가군	의예과	69	3.1	7	974.45	1,000	98.67

4장을 마무리하며...

어렴풋하게 '수능 잘 보면 합격할 수 있겠지'라는 생각만을 가지고 있다가 실제 합격자 데이터를 마주하게 되면 현실의 벽이 만만치 않구나 하는 생각을 가지게 됩니다. 열심히 준비해왔고 또 이 시간도 충실하게 보내고 있는데 과연 가능할까 하는 의구심이 찾아올 수도 있습니다. 그럴 때일수록 더 단순한 생각을 유지하기 위해 노력하십시오. 고민보다는 지금 당장 해야 하는 것들을 해나가는 자세가 무엇보다도 중요합니다.

최상위권 의대일수록 문제 1~2개 차이로 합격과 불합격이 갈리는 경우가 많습니다. 그러므로 표준점수 변환 시 나타나는 1, 2점의 차이는 더욱 중요하게 고려되어야 합니다. 최상위권 학생은 만점 기준으로 표준점수가 높은 과목 즉, 국어에서는 언어와 매체, 수학에서는 미적분을 선택하는 게 필수입니다. 언어와 매체, 미적분을 선택하고 실제 시험에서 다 맞는다는 독한 생각을 가지고 공부해가야 합니다. (의대 합격자들 중 수학과목에서 기하를 선택한 학생의 비중은 매우 낮습니다.)

지금까지 최근의 의대 정시 합격생들의 성적 사례와 합격 전략에 대해서 살펴보았습니다. 관심 있는 의대가 있다면 해당 대학의 선발 방식과 평가 비중, 영역별 원점수 등을 꼼꼼히 분석하여 그에 맞는 학습 전략을 세우는 것이 도움이 될 수 있습니다.

사실 이런저런 이야기를 했지만 결론은 간단합니다. **수능 고득점!**
수능 전 과목에서 고득점을 목표로 체계적으로 준비해 나가는 게 정시에서의 성공을 위한 유일한 해결책인 것입니다. 그럼에도 불구하고, 수능을 잘봐야 한다는 게 어디까지 잘봐야 하는지 구체적으로 깨닫게 되었다는 점이 이 장의 의의라고 할 수 있겠습니다. 수능 2개를 틀리고도 합격이 힘든 학교가 있고 수능 7~8개를 틀리고도 합격 가능한 의대를 확인할 수 있었습니다. 의대라는 높은 목표를 향해 달려가는 이들에게 이러한 사례 분석이 각자의 목표를 더욱 굳건하게 하는 확실한 밑거름이 되길 희망합니다.

5장

N수생&직장인의
의대입시

의대입시, N수생의 전쟁터!(직장인 참전?)

최근 4년간 의대 정시 합격자 중 N수생의 비율이 크게 증가하고 있습니다. 교육부 자료에 따르면 2020년부터 2023년까지 전국 의대 정시 합격자 5,144명 중 무려 77.5%인 3,984명이 N수생이었습니다. 이는 의대입시가 현역 고교생의 경쟁보다는 N수생 간의 전쟁터로 변모하고 있음을 보여줍니다.

N수생 중에서도 재수생이 42.2%, 삼수생이 21.8%로 다수를 차지했고, 심지어 사수 이상 지원자도 13.4%에 달했습니다. 한 번의 도전으로는 의대 입학이 어려워진 현실을 반영하는 수치이죠. 이는 의대 진학을 위해서는 오랜 수험 기간과 경제적 부담을 감내해야 함을 의미하기도 합니다.

의대별 N수생 비율을 살펴보면, 강원대와 가천대가 91.1%로 가장 높았고, 충북대, 충남대, 이화여대, 전북대, 경북대, 제주대 등도 80% 이상이었습니다. 최상위권으로 평가받는 연세대와 서울대의 N수생 합격 비율도 각각 15.8%p, 14.3%p 증가했습니다.

의대 합격자의 지역별 쏠림 현상도 뚜렷합니다. 지난 4년간 서울 소재 고교 출신 합격자가 압도적으로 많았고, 2023학년도에는 전체의 36.3%를 차지했습니다. 이는 서울의 고교 3학년 재학생 비율인 16.7%의 2.2배에 달하는 수치입니다. 경기, 전북, 부산, 대구 등도 고교 재학생 비율 이상으로 의대생을 배출했습니다. 이는 강남, 수성구 등 교육 특구의 사교육 열풍과 지역 내 자사고의 영향, 그리고 N수생에 대한 경제적 지원 등이 복합적으로 작용한 결과로 해석됩니다.

의료계가 안정적이고 고소득의 전문직이라는 점, 의대 정원이 제한되어 있다는 점 등을 고려하면 N수생의 증가 추세를 완화하기란 쉽지 않아 보입니다.

천천히 N수생을 위한 의대입시를 확인해보도록 합시다.

N수생을 위한 수시전형 합격 전략(좁은 문, 쉽지 않아요)

흔히 수시는 현역들만의 전형이라고 이야기합니다. 그러나, 의대의 꿈을 이어가는 N수생들도 수시전형에 도전하는 것을 검토해보아야 합니다. 다만 N수생이 수시전형, 특히 학생부종합전형(학종)에서 불리한 것은 사실입니다. 현역 고교생에 비해 학업 환경과 여건이 다르고, 이미 지나간 내신 성적을 뒤집을 수도 없기 때문입니다. 하지만 교과전형과 학종에서 N수생의 강점을 살리고 약점을 보완하는 전략적 접근만 있다면, 수시 합격 역시 어느 정도의 가능성을 가지게 됩니다.

우선 수시 원서를 쓰기 전에 가장 먼저 해야 할 일은 모집 요강을 꼼꼼히 읽어보는 일입니다. 모집요강은 원서 직전까지 조금씩 수정되는 경우가 있으므로, 예전에 봤던 모집요강일지라도 반드시 원서접수 직전에 한번 더 확인해야 합니다. 대학마다 졸업생 지원 자격이나 내신 성적 반영 기준이 다르므로, 원서를 쓸 자격이 되는지부터 확인해야 합니다. 일부 대학은 졸업생의 지원 자체를 허용하지 않거나, 일정 기간 이내 졸업자로 제한하기도 합니다.

졸업생 지원에 제한이 있는 대학과 전형

대학	모집시기	전형종류	전형명칭	지원 가능 자격
경희대	수시	학생부교과	지역균형전형	25년 2월 졸업예정자
고려대	수시	학생부교과	학교추천전형	25년 2월 졸업예정자
서울대	수시	학생부종합	지역균형전형	25년 2월 졸업예정자
연세대(서울)	수시	학생부교과	추천형	25년 2월 졸업예정자
한양대	수시	학생부종합	추천형	24년 2월 졸업자, 25년 2월 졸업예정자
인하대	수시	학생부교과	지역균형전형	21년 1월 이후 졸업자부터
경북대	수시	학생부교과	지역인재 기초생활수급자등대상자전형	25년 2월 졸업예정자

학생부 교과 역시, 3학년 1학기까지만 반영하는 졸업예정자와 달리, 졸업자는 1학년부터 3학년 2학기까지 모두 반영하는 곳이 있는가 하면, 3학년 1학기까지만 보는 대학도 있습니다.

경희대, 단국대, 동국대 WISE, 부산대, 연세대(미래), 영남대, 을지대, 인하대, 충남대, 충북대

학생부를 반영할 때도 교과 영역만 반영하는지, 비교과 영역(출결 : 3학년 2학기까지 반영하는지, 봉사 등)도 포함하여 반영하는 지를 살펴봐야 합니다. 학생부 특정 부분에 미흡한 부분이 있다면 잘 고려할 필요가 있습니다. 교과영역을 반영할 때도 어떤 과목을 반영하는지, 석차등급을 반영하는지, 성취도(성취평가 등급)를 반영하는지 등등 대학마다 매우 다양한 방법으로 반영하므로 자신에게 유불리한 점을 잘 고려해야 합니다.

또한 수능 최저학력기준 적용 시, 탐구과목을 과탐/사탐 중 어느 것을 반영하는지, 탐구를 몇 과목을 반영하는지(1과목 혹은 2과목), 2과목 반영 시 등급 평균을 그대로 반영하는지, 절사해서 반영하는지(예를 들어 두 과목 평균이 1.5등급일 때, 절사하면 1등급과 같아지지만, 그대로 반영하면 1.5등급, 반올림하면 2등급), 수능 선택과목으로 동일과목 Ⅰ+Ⅱ 선택 가능한지 등도 살펴봐야 합니다. 아주 오랜만에 수능을 보는 경우라면 수학능력시험 응시 규정도 파악하고 있어야 합니다. (예를 들면 한국사 응시 필수. 미응시하면 수능 응시 자체가 무효 처리되고 성적 미제공)

우선 내신 성적이 우수하고 수능 최저기준을 맞출 수 있다면, 교과전형에 도전하는 것이 유리합니다. 객관적인 교과 성적이 반영되는 만큼, N수생이라고 해서 특별히 불리할 것은 없습니다. 다만 대학에 따라 졸업 연도나 재학 여부를 지원 자격으로 제한하는 경우도 있으니, 역시 지원하고자 하는 대학의 입시전형을 꼼꼼히 살펴보아야 합니다. 교과전형으로 늦깎이 의대생이 된 사례들이 적잖게 보고되고 있으니, 자신의 성적이 경쟁력이 있다면 교과전형에 주력해봅시다.

학종은 조금 문턱이 높긴 하지만, 전략적으로 접근한다면 역시 도전해볼 만한 전형입니다. N수생의 경우 현역 대비 학종 합격률이 낮은 편이지만, 준비 정도에 따라 개인차가 큽니다.

학종의 경우 단순히 내신 성적순으로 선발하는 것이 아니기에, 늦깎이 도전자의 열정과 간절함이 어필될 수 있습니다. 다만 내신 성적이나 수능 최저 기준이 있는 경우가 많으므로, 현실적인 합격 가능성을 점검해야 합니다.

대학별 학종 평가 방식도 확인할 필요가 있습니다. 서울대는 졸업생 제재가 있고, 연세대는 수능 최저가 있는 등 학교별 차이가 존재합니다. N수생 합격률이 현역 대비 낮더라도, 약 20% 정도의 합격생이 N수생이라는 점을 주목해야 합니다. 특히 고려대처럼 면접 비중이 큰 전형은 N수생에게 큰 기회가 될 수 있습니다. 긴 수험 생활을 통해 성숙해진 인성과 태도는 분명 강점이 될 것입니다.

반복되는 이야기지만, N수생의 수시 지원 시 의대를 향한 목표 의식이 분명해야 합니다. 의대에 진학하겠다는 확고한 목표가 있다면, 상향이나 소신 지원도 얼마든지 가능할 것입니다. 그러나 애매한 마음으로 단순히 한 번 도전해보는 식의 지원은 성공 가능성을 크게 떨어트릴 뿐입니다.

물론, 아무리 의대 진학에 대한 열망이 크더라도, 객관적 평가를 통해 적정 대학을 파악하는 것이 무엇보다도 중요합니다. 현역 때 상향 대학에 탈락했다면, N수 때 재도전하는 것은 신중할 필요가 있습니다. 학종에서는 성장 잠재력을 고려하더라도 1년 사이에 큰 변별력을 갖기는 쉽지 않기 때문입니다. 오히려 적정 대학군에서 횟수를 늘리는 전략이 합격 가능성을 높일 것입니다.

N수생에게 수시 원서 쓰기는 자신과의 치열한 싸움입니다. 의대에 못 갈 것이라는 두려움, 주변의 회의적인 시선을 이겨내야 합니다. 불리한 여건 속에서 기회의 실낱같은 희망을 움켜쥐고, 포기하지 않는 의지로 버텨내야 합니다. 늦깎이 도전자만의 간절함과 성숙함으로 무장할 때, 비로소 합격의 영광을 품에 안을 수 있을 것입니다.

N수생을 위한 정시전형 합격 전략(꿈과 현실 사이의 치열한 고민)

의대라는 꿈을 좇아 재수에 도전하는 이들에게 정시는 놓칠 수 없는 기회의 장입니다. 수능에서의 단 한 번의 승부로 의대라는 목표에 다가갈 수 있기에, 그 어느 때보다 치열한 준비가 요구됩니다. 그러나 의지만으로 의대행 티켓을 거머쥘 수 있는 것은 아닙니다. 냉정한 현실 직시와 치밀한 전략 수립이 뒷받침돼야만 의대 합격이라는 영광을 차지할 수 있습니다.

의대에 합격하려면 어느 정도의 수능 실력이 요구될까요? 서울대 의대의 경우 표준점수 440점, 백분위 환산 평균 99점이 적정선으로 평가됩니다. 연세대는 98~99점, 가천대는 96점 선이 필요합니다. 과목별로는 국어와 수학에서의 고득점이 필수이고, 영어 영역도 1등급을 받아야 하는 건 당연지사죠. 과학탐구 역시 전 과목 1등급이 요구된다 해도 과언이 아닙니다. 그야말로 전 영역에서의 고른 실력과 압도적인 점수가 의대 합격의 필수조건인 셈이죠.(지방 의대까지 고려한 수능에서의 합격 가능한 오답 개수는 국, 수, 탐 기준으로 7개 정도까지입니다. 대학별 정확한 합격자 정보는 4장의 정시전형 입결 부분을 참조해 주세요.)

의대 지망생이라면 수능에서의 단 한 번의 실수도 두려워할 수밖에 없습니다. 그도 그럴 것이 의대에서 요구하는 점수는 문항 하나를 놓치면 달성하기 어려운 수준이기 때문입니다. 따라서 N수생이 거둬야 할 수능 점수 목표는 예상 커트라인보다 높게 잡아야 합니다.

원하는 점수를 받기 위해선 평소의 학습 루틴도 바뀌어야 합니다. 특히 N수생의 경우 현역 시절과는 다른 패턴의 공부가 요구됩니다. 개념 학습도 심화된 수준으로 이뤄져야 하고, 문제풀이 역시 더욱 세밀해져야 합니다. 현역 시절 부족했던 영역과 과목을 집중 공략하는 것도 N수 시기의 중요한 과제입니다. 아울러 수능 유형에 완벽히 적응하는 '실전 훈련'도 게을리해선 안 됩니다.

무엇보다 시험이 다가올수록 마음가짐을 다잡는 일이 중요합니다. 의대에 가겠다는 확고한 의지로 무장하되, 결과에 연연하지 않는 담대함이 필요합니다. 주변의 충고에 귀를 기울이되 흔들리지 말아야 합니다. 긴 N수 생활을 지탱해줄 수 있는 건 오로지 의대에 대한 간절함 그 자체여야 하죠. 역시 쉽지 않습니다.

늦깎이 의대 진학, 그 현실!(고민하는 당신이 알아야 할 것들)

가. 늦깎이 의대생이 된다는 것의 의미

의사를 꿈꾸는 이들 중에는 인생의 황금기를 이미 보낸 이들도 적지 않습니다. 40대에 접어든 직장인, 안정된 삶을 누리던 기혼자까지 의사의 길에 도전장을 내밀고 있습니다. 늦깎이 의대 진학에 대한 사회적 관심이 높아지면서 의대 입학의 문턱이 낮아진 것도 이들에게는 희소식입니다. 하지만 막상 늦깎이 의대생이 되면 녹록지 않은 점이 한두 가지가 아닙니다. 의사가 되기까지 기나긴 수련 기간, 젊은 동기들과의 경쟁 등 의대 입학 이후에도 수많은 도전이 기다리고 있습니다.

무엇보다 늦깎이 의대 진학은 기회비용이 만만치 않습니다. 적게는 6년, 많게는 10년 가까이 소득이 없는 기간을 감수해야 합니다. 안정된 직장을 그만두고 의대에 진학한다면 생계 문제를 고민하지 않을 수 없습니다. 게다가 학비와 생활비로 수천만 원에서 수억 원이 투자되어야 합니다. 자녀가 있는 수험생이라면 자녀 교육이나 노후 대비에 투자되어야 할 자금이 의대 진학으로 인해 흔들릴 수도 있습니다.

40대에 의대에 입학한다면 본과 4년, 인턴 1년, 레지던트 4년 등을 거쳐 50대 중반이 되어서야 의사가 됩니다. 내과든 외과든 의사로서 경쟁력을 갖추는 데에는 젊은 시절의 체력이 필수입니다. 당직과 야간 근무를 감당하기 위해 20대 때와 같은 체력을 요구받겠지만, 50대의 현실은 녹록지 않습니다. 게다가, 환자를 보는 미용·성형 분야로 진출한다 해도, 고령의 의사를 기피하는 풍조 속에서 경쟁력을 갖추기란 만만치 않습니다.

이처럼 30대 후반에서 40대 초반의 10년을 의대 교육에 투자한다는 건 결코 쉬운 결정이 아닙니다. 그 10년의 기회비용이 만만치 않기 때문입니다. 젊은 시절 의대에 진학해 의사의 길을 걸었더라면 이미 전문의로 자리 잡고 최고의 실력을 뽐내며 사회적·경제적 안정을 누릴 시기에, 늦깎이 의대생은 이제 막 첫 발을 내딛는 신입 의사에 불과합니다. 그러니 늦깎이 의사가 환자를 보는 최전선에 설 때쯤이면, 또래 의사들은 최고의 전성기를 누리고 은퇴를 준비하는 시기일지도 모릅니다.

물론 평생 의사의 꿈을 안고 살아온 이들에게 늦깎이 의대 진학은 인생의 마지막 도전이자 보람이 될 수 있습니다. 하지만 그에 앞서 냉정한 현실 분석이 요구됩니다. 의대 교육을 따라잡을 수 있는 기초 학력이 갖춰져 있는지, 10년 가까운 무소득 기간을 감당할 경제력은 충분한지, 가정을 돌보며 공부와 수련을 병행할 체력은 남아 있는지, 젊은 동료들 속에서 경쟁하고 협력할 수 있는 관계 형성 능력은 있는지 등을 꼼꼼히 살펴봐야 합니다.

나. 의대 지원 전략 수립

의대입시를 준비하는 직장인에게는 전략적 접근이 무엇보다 중요합니다. 현실적으로 수시모집의 학생부종합전형이나 교과전형으로는 의대 합격이 쉽지 않습니다. 대신 상대적으로 학생부 영향력이 적은 논술전형이나, 수능 성적만으로 승부하는 정시모집 수능전형을 노려볼 만합니다.

특히 정시모집의 경우 의대 선발 인원의 40% 정도를 차지하기 때문에, 눈여겨볼 필요가 있습니다. 의대 정원이 1,594명 늘어나면서 정시모집 인원도 1,492명이 되었습니다. 다만 이 역시 재수생, 반수생, N수생들과 경쟁해야 하는 숫자라는 점을 감안해야 합니다.

한편 의대 지원 시기와 관련해, 2022학년도부터 도입된 공통+선택과목 체제의 수능 유형에 주목할 필요가 있습니다. 과거에 수능을 봤던 사람이라면 최근의 수능 출제 경향을 파악하고 대비하는 것이 중요합니다. 2022학년도 이전에 수능을 본 경험이 있다면, 지금의 수능 체제가 낯설 수밖에 없기 때문입니다.

다. 수능 영역별 학습 전략

의대에 합격하기 위해서는 수능 성적이 절대적입니다.

국어, 수학, 탐구(2과목) 영역에서 총 115문제 중 4~7문제 이내로 틀려야 하고, 영어는 당연히 1등급을 받아야 한다는 것이 중론입니다. 수도권 상위권 의대는 1~2문제 정도 틀리는 것이 적정 수준이라 할 수 있죠.

그렇다면 오랜만에 공부를 시작하는 직장인이 취해야 할 전략은 무엇일까요?

수학의 경우 기초가 탄탄한 사람, 특히 과학고나 영재학교 출신이라면 기존 실력을 살리는 데 집중하는 것이 좋습니다. 반면 수학 실력이 부족한 사람이라면, 고교 2학년 과정인 수학 I , 수학 II 정도는 압도적으로 잘할 수 있도록 훈련해야 합니다.

국어와 영어 영역은 공통적으로 독해 능력이 관건이 됩니다. 특히 영어는 지문 독해 속도를 높이는 훈련이 필요합니다. 한편 탐구 영역은 단순 암기보다는 종합적 사고력을 키우는 데 방점을 둬야 합니다. 기출문제를 중심으로 연계 교재를 반복적으로 학습하는 것이 도움이 될 것입니다.

라. 심리적 대비

 의대를 향한 직장인의 도전은 마라톤과도 같습니다. 단기전이 아니라 장기전을 각오해야 하죠. 의사가 되고 싶은 근본적인 이유를 끊임없이 되새길 필요가 있습니다.

 또한 의사가 된 이후의 삶도 녹록지 않다는 사실을 직시해야 합니다. 의대 졸업 후 인턴, 레지던트 수련 과정을 거쳐야 하고, 개원을 하려면 많은 초기 자본이 필요합니다. 의사로서 안정적인 수입을 얻기까지 10년 넘게 걸릴 수 있다는 각오가 필요한 것이죠.

 때로는 가족들과 충분한 시간을 보내지 못하는 것에 대한 미안함, 경제적 압박감 등으로 마음고생을 할 수도 있습니다. 주변의 지지와 응원이 절실한 순간들이 있겠지만, 근본적으로는 강인한 정신력으로 버텨내는 수밖에 없습니다. 의사의 길을 가는 것, 그것이 진정 자신이 원하는 일인지 끊임없이 자문하고 되새기는 시간을 가져야 할 것입니다.

마. 대안적 방안들

국내 의대 진학이 여의치 않다면 해외 의대 진학을 고려해 볼 수도 있습니다. 실제로 많은 학생과 학부모가 해외 의대 진학에 관심을 갖고 있습니다. 특히 일본이나 미국 등 영어권 국가의 의대가 주목받고 있죠. 국내 의대 합격 기준에 비해 훨씬 낮은 경쟁률, 학비 등이 매력적으로 다가오기 때문입니다.

하지만 해외 의대 진학이 만만한 것만은 아닙니다. 의대 수업을 현지어로 따라가야 하므로 뛰어난 어학 실력은 기본입니다. 국가마다 다른 의료 환경, 문화적 차이 등에 적응하는 것도 녹록지 않습니다. 해외 의대를 졸업한 후 한국에서 의사 자격증을 획득할 때 필요한 국가고시도 큰 난관이 아닐 수 없습니다.

결국 해외 의대 진학은 신중하게 결정할 문제입니다. 상담을 통해 정보를 구하고, 가족들과 충분한 논의를 거쳐야 할 것입니다. 국내에서 의대에 진학하는 것보다 결코 쉬운 길이 아니라는 점을 명심해야 합니다.

바. 그럼에도 불구하고…

직장인의 의대 도전, 그것은 분명 험난한 여정이 될 것입니다. 그러나 포기하지 않는 의지와 끈기만 있다면 불가능한 일은 아닙니다. 하지만 막연한 동경심만으로는 부족합니다. 10여 년에 걸친 의대 교육과 수련 과정을 성공적으로 마치고, 제2의 인생을 의사로서 꽃피우기 위해서는 냉철한 자기 분석과 현실 인식, 치밀한 계획과 각오가 선행되어야 합니다.

평생 간직해 온 의사의 꿈을 이루고, 봉사와 헌신의 삶을 살겠다는 열정이 요구됩니다. 기회비용과 위험 요인을 냉정하게 분석하고, 극복 방안을 치밀하게 준비하는 지혜가 필요할 것입니다. "진정한 꿈은 늦은 만큼 아름답다"는 말, 의대를 향해 도전하는 직장인들에게 꼭 해주고 싶습니다.

지금까지 늦깎이 의대 진학을 준비하는 여러분께 줄 수 있는 '작지만 많은 고민을 했던 현실적인 조언'이었습니다.

6장

수리논술로
의대 가기

2025학년도 대입에서는 10개교가 의대 논술전형을 운영합니다.

가천대(40), 가톨릭대(19), 경북대(7), 경희대(15), 부산대(22), 성균관대(10), 아주대(20), 연세대(미래)(15), 인하대(12), 중앙대(18)에서 총 178명을 모집합니다. 2024학년도 대입보다는 62명 증가한 인원입니다.

모집인원을 살펴보면 가천대가 40명으로 가장 큰 규모이고, 이어 부산대 22명, 아주대 20명, 가톨릭대 19명, 중앙대 18명, 경희대, 연세대(미래) 각 15명, 인하대 12명, 성균관대 10명, 경북대 7명 순입니다.

부산대는 유일하게 논술전형에서 지역인재로 모집하며, 부산, 울산, 경남 고교 출신을 대상으로 합니다.

학종과 교과전형의 경우 학생부가 미흡하면 상위권 지원이 어려운 반면, 논술전형은 논술 성적이 당락을 결정하므로 평소 수능 준비가 충분히 되어 있고 수학과 과학에 대해 자신 있는 학생이라면 소신지원을 통하여 상위대학 진학의 꿈을 이뤄볼 수 있는 아주 중요한 수시전형입니다. 혹자는 수시 유일의 패자부활 성격을 지닌 전형이라고 평하기도 합니다.

매력적인 전형이지만 앞에서도 언급했듯이 평소 수능이 충분히 준비되어 있는 학생에게만 의미가 있는 전형입니다 즉, 수리논술을 준비할 때 가장 첫번째로 고민할 부분이 '수능 최저를 만족할 수 있는가'입니다.

논술전형은 수능 최저 미충족으로 인한 최초 경쟁률과 실질 경쟁률의 차이가 큰 전형으로서 시험장에서 시험을 보는 실질 경쟁률을 비교하면 최초경쟁률에 비해 통상 절반가량 하락한 모습을 보입니다. 특히 의대 논술은 최상위권 학생이 지원하는 만큼 높은 수능 최저를 적용하고 있습니다.

첫 관문! 수능 최저를 뚫어라

의대 논술 전형의 수능 최저는 **국수영탐 3개 합 4 이내**가 5개교로 가장 많습니다.

가천대는 국수(미/기)영탐(과, 2과목 평균 소수점 절사) 중 3개 영역 각 1등급을 충족해야 합니다.

가톨릭대는 국수(미/기)영탐(과, 2과목 평균) 중 3개 합 4 이내와 한국사 4 이내를 충족해야 합니다.

경북대는 국수(미/기)영탐(과, 2과목 평균)의 4개 영역에서 국수영 중 상위 2개 등급과 과탐(2과목 평균)의 등급 합이 4 이내여야 합니다. 과탐 포함 3개 합 4 이내인 셈이죠.

경희대는 국수영탐(2과목 평균) 중 3개 합 4이내로 선택과목 제한 없이 적용하고 한국사가 5등급 이내여야 합니다.

부산대는 국수(미/기)영탐(과, 2과목 평균) 중 수학 포함 3개 합 4 이내를 적용하고 한국사는 4등급 이내여야 합니다.

성균관대는 국수영탐(2과목 평균) 중 3개 합 4 이내로 선택과목 제한 없이 적용합니다.

아주대 역시 국수영탐(2과목 평균) 4개 합 6 이내로 전 과목을 반영합니다.

연세대(미래)는 국수(미/기)과탐1, 과탐2 중 3개 영역 1등급을 적용합니다. 이때 영어는 2등급 이내 그리고 한국사는 4등급 이내이면 됩니다.(과탐 2과목을 각각 반영해 수능 최저를 충족할 수 있는 셈입니다.)

인하대 역시 국수영탐(2과목 평균) 3개 영역 각 1등급 이내이면 됩니다.

중앙대는 국수영탐(2과목 평균) 4개 합 5 이내라는 다소 높은 수능 최저를 적용하고 있습니다. 전 과목에서 1등급을 받고 한 과목만 2등급을 받아야 하는 셈입니다. 게다가 한국사는 4등급 이내 여야 합니다.

한눈에 보기에도 만만치 않은 수능 최저 조건들입니다. 논술 전형을 지원했더라도 수능 최저를 충족하지 못할 경우 평가 자체에서 제외되기 때문에 학평/모평 성적을 바탕으로 수능 최저 충족 가능성을 충분히 고려하여 대학에 지원해야 합니다.

수능 최저 과목 관련해서 2024학년도 입시와 달라진 의대 논술의 큰 경향은 대다수 대학이 **수능 필수 응시과목을 폐지**했다는 점입니다. 교육부의 문이과 통합 권고로 인한 변화 중 하나입니다.

올해 경희대, 아주대, 인하대, 중앙대가 필수 응시과목을 폐지했으며 성균관대는 계열별 사/과탐 1과목 필수 응시를 폐지했습니다.

또한 경희대는 탐구를 상위 1과목 반영에서 2과목 평균 반영으로 변경했습니다.

논술고사! 대학별 출제 유형을 파악하라

어렵게 수능 최저라는 첫 관문을 통과했다면 드디어 논술고사를 통해 평가받을 수 있습니다.

논술고사를 준비하는 데 있어서는 대학별 출제유형을 파악하는 것이 무엇보다도 중요합니다.

수학논술만 출제하는 대학이 있는가 하면, 과학논술이나 의학논술을 함께 출제하는 대학도 있습니다.

가천대, 가톨릭대, 부산대(지역인재), 성균관대, 인하대 5개교는 수학논술만 실시합니다.

경희대, 연세대(미래), 중앙대의 3개교는 수학논술+과학(선택)논술을 실시합니다. 과학 논술고사 과목은 원서접수 시 선택하는 경우가 많은데, 물리학, 화학, 생명과학 중 하나를 선택하게 됩니다.

아주대는 수학논술+생명과학논술로 과학논술 과목을 생명과학으로 지정해 둔 특징이 있습니다.

경북대는 수학논술+의학논술로 이루어져 있습니다. 의학논술은 교과목 통합형으로 나오는데 변별을 크게 두지 않는 방향으로 출제됩니다.

각 학교의 출제유형을 확인했다면 학교별 논술 기출 문제를 통하여 본격적인 논술 준비를 시작해야 합니다. 확실하게 문제 유형을 확인하기 위해서는 각 학교의 입학처 페이지에 공개된 선행학습평가보고서(이하 선행보고서)를 살펴봐야 합니다. 선행보고서에 올라온 기출문제를 확인하고 출제의도 그리고 평가방법들을 꼼꼼하게 점검하는 게 무엇보다 중요합니다.

그 후 각 대학이 공개하는 논술가이드북에 언급된 논술고사의 특징이나 합격자 수기 등을 살펴보는 것도 대학별 출제 유형을 파악하고 기본적인 공부 방법을 잡는 데 도움이 될 것입니다.

그럼 간단하게 학교별 논술고사에 대해서 정리해보고 뒤에 실제 기출 문제를 살펴보도록 하겠습니다.

▶ 가천대 : 수학논술

가천대는 올해 처음으로 논술 전형으로 의예과에서 40명을 선발합니다. 전체 논술 인원이 178명인데 전체의 22%에 해당하는 인원을 선발하는 파격적인 행보를 보이고 있습니다. 40명이라는 인원만으로도, 올해 논술 전형을 준비하는 학생들에게는 꼭 고민해야 하는 학교가 되었습니다.

가천대는 논술 100%에 수능 최저를 적용해 선발합니다.

80분간 8문항(배점 상이)의 수학문제를 풀면 됩니다.

논술 출제 범위는 수학Ⅰ, 수학Ⅱ, 미적분에서 출제됩니다. (확통과 기하가 출제범위에 들어가지 않는 부분도 매력적인 요소입니다.) 평가기준으로는 "문제 해결에 필요한 개념과 원리에 대한 정확한 서술", "정확한 용어, 기호를 사용한 표현", "수학적 사고력을 고려하여 평가"한다고 명시하고 있습니다. 다른 대학도 마찬가지이지만 논술은 답을 찾는다는 요소에 앞서 정확한 서술과 표현이 무엇보다도 중요한 부분임을 인지하고 있어야 합니다. 즉, 제대로 써서 나타내는 연습이 필수 요소 중 하나입니다.

▶ 가톨릭대 : 수학논술

가톨릭대는 먼저 2025학년에 논술 반영비율을 70%에서 80%까지 확대했습니다.

논술 80%+교과 20% 반영으로 합격자를 선발합니다.

교과는 국, 영, 수, 사, 과, 한 전 과목을 학년별/교과별 가중치 없이 반영합니다.

석차 등급/성취도를 이수단위로 가중 평균한 환산석차등급을 활용합니다.

공통/일반선택과목은 반영교과 전 과목을 반영하며 진로선택과목은 반영하지 않습니다.

의예과 논술은 수학논술이며 4문항을 100분 안에 풀면 됩니다.

통상 의예과 논술은 자연계열 문항 3개에 한 문항이 추가로 출제돼 4개 문항이 출제되는 식입니다.

지난해와 마찬가지로 수학, 수학Ⅰ, 수학Ⅱ, 미적분, 확률과 통계에서 4문제 출제될 예정입니다.

▶ 경북대 : 수학과 의학논술

경북대는 논술 70%+교과 30% 반영으로 합격자를 선발합니다.

학생부는 3학년 1학기까지 국, 수, 영, 사, 과, 한 과목별 등급을 점수화해 반영합니다.

의예과 논술 유형은 자연계열Ⅱ 고사이며, 수학과 의학논술 문제 유형으로 출제됩니다.

교과목 통합형 논술로 수학, 자연과학 등에서 출제되며, 답안유형은 논술형, 약술형, 풀이형으로 100분간 진행됩니다.

입학전형 기본계획서의 내용은 상당히 모호합니다. 이해를 돕기 위해 2024학년도 논술고사 출제범위 수정 공지 내용을 살펴보겠습니다. 수정 공지에는 교과목 통합(수학, 자연과학 등), 의학논술의 범위가 넓다는 수험생의 의견으로 인해 기존에는 수학(수학, 수학Ⅰ, 수학Ⅱ, 미적)과 의학논술이었다면 수학(수학, 수학Ⅰ, 수학Ⅱ, 미적분)과 의학논술(통합과학, 생명과학Ⅰ, 생명과학Ⅱ 등)로 출제범위를 구체화한다고 밝혔습니다.

이에 더하여 출제 범위 내에서 의학적 자료/정보 등을 정확히 이해하고 활용/분석 능력을 평가하고자 한다고 학교 측은 설명하고 있습니다.

2025학년의 경우 교과목 통합형 문항으로 수학, 자연과학 등에서 출제한다고만 나와있는데, 추후 새롭게 올라오는 수시전형계획서나 새로운 안내를 확인하시기 바랍니다.

지난해 논술은 수학논술 2문항, 과학논술 1문항이었습니다.

수학 문제 1은 소문항 4개로 출제되었고, 문제 2는 소문항 3개로 출제되었고, 과학문항인 문제 3은 소문항 4개로 구성되었습니다.

▶ 경희대 : 수학논술+과학선택논술(물리/화학/생명과학)

경희대는 논술 100%에 수능 최저를 적용해 선발합니다.

의대 논술은 수학 과학이 각 4문항 내외로 출제되며 시간은 120분입니다.

수학은 필수, 과학은 물리 화학 생명과학 중 1과목을 선택해 응시할 수 있습니다.

고교 교육과정의 물Ⅰ·Ⅱ, 화Ⅰ·Ⅱ, 생Ⅰ·Ⅱ 범위 안에서 출제합니다.

지난해의 경우 수학 2문항, 과학 2문항으로 출제되었습니다.

수학 문제 1, 2는 각각 소문항 2개로 구성되었고, 과학논술 역시 각 문항당 소문항 2개로 구성되어 출제되었습니다.

의대 논술은 특정 과학지식뿐만 아니라, 통합적인 사고 능력과 실제 상황에 적용하는 활용 능력을 종합적으로 평가한다고 명시하였습니다.

▶ 부산대 : 수학논술

부산대는 논술전형을 실시하는 10개 대학 중 유일하게 논술을 지역인재로 운영하는 특징이 있습니다. 부·울·경에 소재하는 고교의 전 교육과정을 이수한 졸업(예정)자를 대상으로 합니다. 논술

70%+교과 30%로 반영하여 합격자를 선발합니다.

교과성적은 국, 수, 영, 사, 과, 한 전 과목을 반영하며 석차등급과 이수단위를 활용합니다.

특히, 졸업예정자는 3학년 1학기까지, 졸업자는 2학기까지 반영하는 것도 고려하여 준비해야 합니다. 학년별 반영비율은 적용하지 않습니다.

논술고사 문항 유형은 수학이며 100분간 진행됩니다.

지난해 수학 3문항으로 출제되었으며, 각 소문항이 2개, 3개, 2개로 구성되었습니다.

▶ 성균관대 : 수학논술

성대는 논술 100%에 수능 최저를 적용해 선발합니다.

지난해의 경우 성대 의예 논술은 별도의 문항을 활용하지 않고 소프트웨어학과, 건설환경공학과와 같은 2교시 문제로 100분간 진행되었습니다.

문제 1은 소문항 4개로 구성되었고, 문제 2와 문제 3은 각각 소문항 3개로 구성되었습니다.

올해도 수학(상, 하), 수학Ⅰ, 수학Ⅱ에서 3문항이 출제될 예정입니다. 미적, 확통, 기하가 포함되지 않은 독특한 논술 중 하나임을 확인하고 기출을 효과적으로 이용하여 대비하시기 바랍니다.

▶ 아주대 : 수학논술+생명과학논술

아주대는 논술 80%+교과 20%로 반영하여 합격자를 선발합니다.

교과는 3학년 1학기까지 국, 영, 수, 사, 과의 등급(성취도)와 이수단위를 확인합니다. 비교과(출결)을 1점으로 반영하며 미인정(무단)결석일수에 따라 최대 1점부터 0점까지 배점합니다.

논술의 경우 수학논술과 과학논술(생명과학)을 실시하는데, 시험시간은 120분입니다.

지난해 수학 문제는 소문항 2개로 나뉘었고 소문항 2개는 각 딸림문항 2개, 3개로 구성되었습니다.

답이 틀려도 풀이과정이 옳으면 부분점수를 부여하며 공식을 암기해 풀 수 있는 문제는 출제하지 않습니다. 또한 영어 제시문도 없습니다.

▶ 연대(미래) : 수학논술+과학선택논술

연대(미래)는 논술 100%에 수능 최저를 적용해 선발합니다.

시험시간은 2시간이며 수학논술+과학선택논술로 진행됩니다. 출제범위의 경우 수학논술은 수,

수Ⅰ, 수Ⅱ, 미적, 기하이며 문제는 2문제 이내로 출제되고, 과학논술은 물(Ⅰ·Ⅱ), 화(Ⅰ·Ⅱ), 생(Ⅰ·Ⅱ) 중 1개 교과목을 선택해 응시하면 됩니다.

지난해 수학 문제 1, 2는 각각 소문항 2개로 출제되었습니다.

물리학, 생명과학은 각각 2개 문항으로 출제됐으며 각 문항당 소문항 2개로 나뉘었습니다.

화학은 2개 문항으로 출제됐으며 각 소문항 3개로 구성되어 출제되었습니다.

▶ 인하대 : 수학논술

인하대는 논술 70%+교과 30%로 합격자를 선발합니다.

교과는 국영수과 석차등급의 환산점수를 산출해 반영하고, 진로선택과목은 성취도를 등급으로 변환해 상위 3개 과목을 반영합니다.

졸업예정자는 3학년 1학기까지를 반영하고 졸업자는 3학년 2학기까지의 6개 학기를 반영합니다.

지난해 논술고사는 수학 3문항으로 출제됐으며 각 소문항 3개로 구성되었습니다.

▶ 중앙대 : 수학논술

중앙대는 논술 70%+교과 20%+출결 10%로 합격자를 선발합니다.

의예과 논술은 단일 교과형으로 출제되는 수학논술이고, 120분간 진행됩니다.

지난해 의학 논술은 별도 문항으로 실시하지 않고 전자전기공학과와 같은 2교시 논술을 치렀습니다. 수학 4문항으로 출제되었습니다.

문제 1은 단일 문제, 문제 2, 3, 4는 각각 소문항 2개로 구성되어 출제되었습니다.

각 대학별 출제 문제의 난이도와 채점기준에 대해서는 이어지는 대학별 세부 문제 확인을 통해 점검하겠습니다.

내신 성적 확인

논술 전형에 있어서 마지막으로 점검할 부분은 역시 내신 성적입니다.

10개교 중 6개교가 학생부 교과 성적을 20~30% 정도 반영합니다.

수능 최저를 통과한 후 평가가 진행되는 논술 전형의 당락은 결국 논술 성적이지만 아주 미세한 차이로도 합불이 나뉘는 만큼 내신이 적용되는 학교의 경우에는 내신점수에 대한 꼼꼼한 확인이 필요합니다.

대학별 논술전형 세부 자료

각 대학의 논술전형을 한눈에 살펴볼 수 있도록 정리했습니다.

또한, 작년 논술 문제의 출제 유형에 대해서도 각 학교별 선행학습평가서를 기준으로 하여 나열하였습니다.

출제범위와 수능 최저 등을 확인하여 목표 대학 선정을 진행할 수 있도록 하십시오.

실제 학교별 기출 문제는 입학처에 게시된 논술가이드 또는 선행학습평가서를 참고하시기 바랍니다.

가천대학교

모집단위	시험일시	시간	문항수	출제범위	출제경향
의예과	11.24(일)	80분	8문항	수학 I , 수학 II , 미적분	- 가천대학교 논술고사는 고등학교 교육과정을 통하여 대학교육에 필요한 수학능력을 갖추었는지 평가 - 수험생들의 시험 준비에 대한 부담을 덜기 위해 EBS 수능연계교재를 활용하여 출제

■ **모집인원** : 40명

■ **지원자격** : 고등학교 졸업(예정)자 또는 법령에 따라 이와 같은 수준 이상의 학력이 있다고 인정되는 사람

■ **전형방법** : 논술고사 성적 100%

■ **수능 최저학력기준** : 국어(화법과 작문/언어와 매체), 수학(미적분/기하), 영어, 과탐(2과목) 중 3개 영역 각 1등급.

※ 탐구영역 반영방법 : 2과목 등급 평균, 소수점 절사

■ **논술 답안지 작성 및 유의사항**

※ 답안지에 지정된 영역 내에서 답안을 작성합니다.

- 답안지에 지정된 영역에서 벗어나 답안을 작성하게 되면 영역을 벗어난 내용은 평가되지 않습니다.

- 문제지의 번호와 답안지에 표시된 번호는 일치해야 하며, 이를 임의로 변경하지 않습니다.

※ 답안 작성 시, 지정된 필기구(검정색 펜)을 사용하여 답안을 작성합니다.

- 지정된 필기구 이외의 필기구(연필, 샤프펜슬, 빨간색 펜 등)는 사용할 수 없습니다.

- 답안 수정이 필요한 경우, 취소선(삭선)을 긋고 수정할 수 있습니다. (수정액, 수정테이프 등 사용 불가)

가톨릭대학교

모집단위	시험일시	시간	문항수	출제범위	출제경향
의예과	11.17(일) 10:00~	100분	4문항	수학(상, 하), 수학Ⅰ, 수학Ⅱ, 미적분, 확률과 통계	- 고교 교육과정의 범위와 수준에 맞는 문제 출제 - 고교 교육과정 범위 내의 수리적 혹은 과학적 원리를 제시하는 제시문을 활용하여 문제를 올바르게 분석하고 해결하는지를 평가 - 제시문에 나타난 기본 개념에 대한 단순 적용 및 여러 제시문들에 나타난 수리적 개념을 논리적으로 연결하여 추론하는 문항이 출제됨

■ **모집인원** : 19명

■ **지원자격** : 고등학교 졸업(예정)자 또는 법령에 의하여 고등학교 졸업 동등 이상의 학력이 있다고 인정된 자

■ **전형방법** : 논술 80%+학생부(교과) 20%

■ **수능 최저학력기준** : 국어(화법과 작문/언어와 매체), 수학(미적분/기하), 영어, 과탐(2과목 평균) 중 3개 영역 등급 합 4 이내 및 한국사 4등급 이내

※ 탐구영역 반영방법 : 2과목 등급 평균을 소수점 첫째자리에서 버림하여 반영

※ 지정한 4개 영역에 반드시 응시하여야 함

※ 탐구영역 내 별도 지정과목 없음

■ **논술 답안지 작성 및 유의사항**

※ 최종 답안 작성 시 흑색 볼펜 또는 연필 사용

※ 지정한 답안 분량을 초과 또는 미달하지 않도록 유의

※ 답안은 제공된 답안지로만 작성하여야 하며, 답안 내용이나 답안 여백에 성명, 수험번호 등 개인 신상과 관련된 내용 표기 금지

※ 문제지, 답안지 및 연습지는 가지고 나갈 수 없음

논술고사 | 문항 1

출제범위	수학과 교육과정 과목명	수학, 수학Ⅰ, 수학Ⅱ, 미적분
	핵심개념 및 용어	평면좌표, 속도, 거리
예상 소요 시간	20~30분	

[해설]

1) 여러 가지 함수의 미분을 이해하고, 이를 활용할 수 있는지를 평가한다.

2) 속도와 이동 거리를 이해하고, 정적분을 활용하여 속도에서 거리를 구할 수 있는지를 평가한다.

3) 부분적분법을 이해하고, 이를 활용해 정적분을 구할 수 있는지를 평가한다.

논술고사 | 문항 2

출제범위	수학과 교육과정 과목명	미적분
	핵심개념 및 용어	지수함수, 그래프의 개형, 정적분
예상 소요 시간	20~30분	

[해설]

1) 접선의 방정식을 구할 수 있고, 이를 활용할 수 있는지를 평가한다.

2) 함수의 그래프의 개형을 이해하고, 이를 활용할 수 있는지를 평가한다.

3) 함수의 적분을 이해하고, 이를 활용할 수 있는지를 평가한다.

논술고사 | 문항 3

출제범위	수학과 교육과정 과목명	수학, 수학 II
	핵심개념 및 용어	호도법, 삼각함수, 그래프의 대칭성
예상 소요 시간	20~30분	

[해설]

1) 삼각함수의 함수값을 호도법을 이용하여 이해할 수 있는지를 평가한다.

2) 삼각함수의 그래프의 성질을 활용할 수 있는지를 평가한다.

3) 삼각함수의 대칭성을 이용하여 두 값을 비교할 수 있는지를 평가한다.

논술고사 | 문항 4

출제범위	수학과 교육과정 과목명	수학, 수학 II
	핵심개념 및 용어	함수의 증가와 감소, 최댓값과 최솟값
예상 소요 시간	20~30분	

[해설]

1) 함수의 증가와 감소를 이해하고, 이를 활용할 수 있는지를 평가한다.

2) 닫힌구간에서의 함수의 최댓값과 최솟값을 구하는 방법을 이해하고, 이를 활용할 수 있는지를 평가한다.

3) 이차함수의 최솟값을 구하고, 이를 활용할 수 있는지를 평가한다.

경북대학교

모집단위	시험일시	시간	문항수	출제범위	출제경향
의예과	11.23(토) 16:30~	100분	수학 2문항, 과학 1문항	수학(상, 하), 수학Ⅰ, 수학Ⅱ, 미적분, 의학논술	- 수리적 타당성을 확인하기 위한 문제가 제시되며, 수학적 사고를 바탕으로 증명해 내었는지, 사용한 수학적 정리와 제한 조건을 올바로 제시하고, 그 제한 조건에 맞게 정리했는지에 대한 여부를 묻는 문항이 출제 - 수학 2문제, 교과목 통합(의학 논술) 1문제로 이루어집니다. 문항 개발 시 의학논술에서의 변별을 크게 두지 않은 방향으로 고려

- **모집인원** : 7명
- **지원자격** : 고등학교 졸업자(2025년 2월 말 이전 졸업예정자 포함) 또는 법령에 의하여 고등학교 졸업 이상의 학력이 있다고 인정되는 자
- **전형방법** : 학생부교과 30%+논술(AAT) 70%
- **수능 최저학력기준** : 국어, 수학(미적분, 기하 중 택1), 영어 중 2개 등급과 과탐영역(2과목 평균, 소수점 반올림) 등급 합 4 이내, 한국사 응시

    ※ 과학탐구 4개 과목(물리학, 화학, 생명과학, 지구과학) 중 과목명이 다른 2개의 과목에 반드시 응시해야 하며, 동일 과목의 Ⅰ, Ⅱ 선택은 불가함

- **논술 답안지 작성 및 유의사항**

    ※ 논술 답안은 흑색 필기구를 사용해야 하며, 볼펜이나 만년필뿐만 아니라 연필도 사용할 수 있습니다.

    ※ 가능하면 연필을 사용하여 필요한 경우 지우개로 지우고 수정하는 것이 좋습니다.

    ※ 수정할 부분이 너무 많아서 답안지 전체가 지저분할 경우에는 새로운 답안지를 요구하여 새로 작성해도 됩니다.

논술고사 | 문항 1

출제범위	수학과 교육과정 과목명	수학, 수학 II, 미적분
	핵심개념 및 용어	일대일함수, 명제와 그 대우의 참, 거짓, 함수의 극한에 대한 성질, 함수의 연속, 평균값 정리, 극값과 미분계수 사이의 관계
예상 소요 시간		35분 / 전체 100분

[해설]

[문제 1-1] 평균값정리를 이용하여 일대일함수를 보이도록 함.

[문제 1-2] 함수의 극한에 대한 성질을 이해하고 극한값을 계산하도록 함.

[문제 1-3] 명제와 그 대우의 참, 거짓과 합성함수의 미분을 이용하여 방정식을 만족하는 실근이 존재함을 보이도록 함.

[문제 1-4] 극값과 미분계수 사이의 관계를 이용하여 다항함수 p(x)의 개형을 찾고, 함수의 연속을 이용하여 함수 h(m)이 p=64에서 불연속이 되도록 하는 p(x)의 최고차항의 계수를 구하도록 함.

논술고사 | 문항 2

출제범위	수학과 교육과정 과목명	수학 II, 미적분
	핵심개념 및 용어	삼각함수, 적분, 넓이
예상 소요 시간		35분 / 전체 100분

[해설]

[문제 2-1(1)] 정삼각형의 성질 및 삼각함수의 덧셈정리를 활용하여 점의 좌표를 구하도록 함.

[문제 2-1(2)] 삼각함수의 덧셈정리를 활용하여 식을 정리함으로써 함수를 구하도록 함.

[문제 2-2] 주어진 조건과 삼각함수의 성질을 활용하여 점의 좌표를 구하도록 함.

[문제 2-3] 함수의 그래프의 개형을 이해하고, 정적분을 활용하여 도형의 넓이를 구하도록 함.

논술고사 | 문항 3

출제범위	교육과정 과목명	생명과학 I
	핵심개념 및 용어	항상성 유지, 내분비계와 호르몬
예상 소요 시간		20분 / 전체 100분

[해설]

[문제 3-1] 항이뇨 호르몬의 역할에 대해 기술하고, 원발성 다음증에서 항이뇨 호르몬 분비 저하 이유를 설명하도록 함.

[문제 3-2] 제시문 (가), (나)와 [그림 2] 정보를 바탕으로 하여 제시되는 질환에서 수분 제한 검사 시 소변 삼투압이 시간에 따라 어떻게 변화하는지 설명하도록 함.

[문제 3-3] 제시문 (다), (라)와 [그림 2]를 바탕으로 근육의 수축 이완에 ATP가 필수적임을 이해하고, 사람이 사망 시 ATP 고갈로 인해 근육에서 발생할 수 있는 현상을 호흡계, 순환계, 세포호흡과 연관지어 설명하도록 함.

[문제 3-4] [문제 3-3]의 현상을 이해하고 사망 시 심한 운동을 동반한 상태와 그렇지 않은 상태에서 어떠한 차이가 있는지와 관련 원리를 설명하도록 함.

경희대학교

모집단위	시험일시	시간	문항수	출제범위	출제경향
의예과	11.16.(토) 15:00~	120분	수학, 과학 각 4문항 내외	수학(상, 하), 수학 I, 수학 II, 미적분, 기하, 확률과 통계 : 필수 물리, 화학, 생명과학 : 한 과목 선택	- 기본 개념에 대한 이해 및 응용력, 문제풀이 과정을 논리적으로 설명하는 논증 능력 요구 - 제시문 및 질문에 대한 정확한 이해를 바탕으로 기본적 소양의 적절한 활용 및 창의적인 논리 전개 요구 - 특정 과학지식뿐만 아니라, 통합적인 사고 능력과 실제 상황에 적용하는 활용 능력을 종합적으로 평가

- **모집인원** : 15명

- **지원자격** : 고등학교 졸업(예정)자 또는 법령에 따라 이와 같은 수준 이상의 학력이 있다고 인정되는 자

- **전형방법** : 논술고사 성적 100%

  ※ 수리논술 120분, 4문항

- **수능 최저학력기준** : 국어, 수학, 영어, 사회/과학탐구(2과목 평균) 중 3개 영역 등급 합 4 이내, 한국사 5등급 이내

- **논술 답안지 작성 및 유의사항**

  ※ 출제 의도를 파악하여 자신의 주장과 논리를 창의적으로 전개

  ※ 논제에 관해 자신이 알고 있는 지식을 서술하기보다는, 제시문의 내용과 관점을 근거로 논제가 요구하는 답안 작성

  ※ 요구한 답안 분량을 반드시 준수해야 하며, 분량이 초과되거나 부족하면 감점

  ※ 문제지와 답안지에 표기된 논술작성 유의사항을 철저히 준수

논술고사 | 문항 1-1

출제범위	수학과 교육과정 과목명	수학, 수학 I, 기하
	핵심개념 및 용어	두 점 사이의 거리, 삼각함수 사이의 관계, 벡터의 뜻, 벡터의 크기, 벡터의 실수배, 평면벡터, 위치벡터, 벡터의 성분, 내적
예상 소요 시간	40분	

[해설]

1) 위치벡터, 평면벡터와 좌표의 대응, 두 평면벡터의 내적을 이해한다.

2) 이를 활용하여 주어진 조건하에서 벡터의 크기와 두 점 사이의 거리를 구하는 문제 상황을 해결할 수 있는지를 평가하고자 한다.

논술고사 | 문항 1-2

출제범위	수학과 교육과정 과목명	수학 II
	핵심개념 및 용어	함수의 극한, 미분계수, 미분가능성과 연속성, 다항함수의 도함수, 접선의 방정식, 다항함수의 부정적분, 곡선으로 둘러싸인 도형의 넓이
예상 소요 시간	45분	

[해설]

1) 함수의 극한, 미분가능성과 연속의 관계, 도함수의 정의, 곡선의 접선의 방정식, 정적분 등을 이용하여 제시된 문제를 해결할 수 있는 능력을 평가하고자 하였다.

논술고사 | 문항 2-1

출제범위	과학과 교육과정 과목명	물리학 II
	핵심개념 및 용어	전기력, 전기장, 전기력선
예상 소요 시간	20분	

[해설]

1) 고등학교 물리학 II 교과서의 '전자기장' 단원에서 다루는 '전자기장과 전기력선'의 개념을 이해하고 이를 문제에서 주어진 상황에 맞추어 적용하는 능력을 평가한다. 전하 주위에 다른 전하를 놓으면 전기력을 받는데, 이는 한 전하가 주위 공간에 전기장을 만들기 때문이다. 특히, 점전하가 만드는 전기장의 세기는 전하량에 비례하고, 거리의 제곱에 반비례함을 이해한다면, [논제 2-1]은 복잡한 풀이 과정이나 수식의 사용 없이 고등학교 교육 과정의 범위 내에서 어렵지 않게 논제를 해결할 수 있다.

논술고사 | 문항 2-2

출제범위	과학과 교육과정 과목명	물리학Ⅰ, 물리학Ⅱ
	핵심개념 및 용어	운동량 보존 법칙, 등속 직선운동, 운동에너지, 도플러 효과
예상 소요 시간		20분

[해설]

1) 고등학교 물리학Ⅰ 교과서의 '역학과 에너지' 단원과 물리학Ⅱ 교과서의 '역학적 상호작용' 단원에서 다루는 '등속 직선 운동', '운동량 보존'과 '역학적 에너지와 보존', '파동과 빛의 성질' 단원에서 다루는 '도플러 효과'의 개념을 이해하고 이를 문제에서 주어진 상황에 맞추어 적용하는 능력을 평가한다. 외부 힘의 영향이 없을 때 운동량이 보존된다는 것을 이해하고, 등속 직선 운동과 운동 에너지의 개념과, 도플러 효과에 따라 관측자에게 측정되는 진동수가 달라진다는 것을 이해한다면 고등학교 교육 과정의 범위 내에서 어렵지 않게 문제를 해결할 수 있다.

논술고사 | 문항 3-1

출제범위	과학과 교육과정 과목명	화학Ⅰ
	핵심개념 및 용어	전자배치, 쌓음 원리, 훈트의 규치, 공유결합, 쌍극자 모멘트, 전자쌍 반발 이론
예상 소요 시간		25분

[해설]

1) 보어 원자 모형의 최외곽 전자 껍질에 존재하는 원자의 수를 기반으로 2주기 원소들을 추론할 수 있는지를 평가하고자 하였다. [논제 2-1]의 (2)에서는 2주기 원소들을 비활성 기체, 공유 결합 분자의 극성, 바닥상태 전자 배치, 분자 구조 등의 기준으로 분류하고 설명할 수 있는지를 평가하고자 하였다.

논술고사 | 문항 3-2

출제범위	과학과 교육과정 과목명	화학Ⅰ, 화학Ⅱ
	핵심개념 및 용어	화학반응식, 반응 엔탈피, 열화학 반응식, 결합에너지, 헤스 법칙
예상 소요 시간		30~35분

[해설]

1) 화학 반응에서의 에너지 출입을 이해하여 화학 반응을 열화학 반응식으로 나타낼 수 있는지 평가하고자 하였다. 교육과정 '12화학 Ⅱ-02-01', '12화학 Ⅱ-02-02'에 해당하는 내용으로 논제에서 열화학 반응식과 표를 이해하여 엔탈피와 결합 에너지의 관계를 파악하고, 헤스 법칙을 설명할 수 있는지 평가하고자 하였다.

논술고사 | 문항 4-1

출제범위	과학과 교육과정 과목명	생명과학 Ⅰ, 생명과학 Ⅱ
	핵심개념 및 용어	단순확산, 촉진확산, 능동수송, 휴지전위, 활동전위
예상 소요 시간	15분	

[해설]

1) 물질의 특성에 따라 세포막의 인지질 2중층을 통과하는 방식을 단순 확산과 촉진 확산으로 구분하고 두 방법의 차이에 따른 물질의 이동 속도를 각 물질의 농도 차이에 따라 그래프로 표현하며 논술하도록 하였다.

2) 뉴런의 세포막에서 Na^+과 K^+의 이동을 휴지 상태에서의 능동수송과, 자극 전달을 위한 탈분극 및 재분극 상태에서의 촉진확산으로 구분하여 논술하도록 하였다.

논술고사 | 문항 4-2

출제범위	과학과 교육과정 과목명	생명과학 Ⅰ, 생명과학 Ⅱ
	핵심개념 및 용어	생식과 유전, DNA, 반보전적 복제
예상 소요 시간	25분	

[해설]

1) 생명의 특징인 유전을 위한 유전물질인 DNA의 구조가 상보적 염기쌍 형성을 통한 이중 나선구조임을 이해하고 분석된 한 가닥의 염기 조성을 바탕으로 상보적 가닥의 염기조성을 계산하도록 요구하였다.

2) ^{14}N을 가진 배양액에서 대장균 개체 수의 시간별 변화를 분석한 결과를 바탕으로 두 대장균의

생장 속도의 차이를 이해하고, ^{15}N을 가진 배양액으로 옮겨 4시간 동안 배양 후 반보전적 복제를 통해 새로 만들어진 DNA의 가닥 중 ^{14}N을 가진 염기 가닥의 비율을 계산하도록 요구하였다.

부산대학교

모집단위	시험일시	시간	문항수	출제범위	출제경향
의예과	11.23(토) 09:30~11:10	100분	수학 3문항	수학(상, 하), 수학Ⅰ, 수학Ⅱ, 미적분, 기하	- 고등학교 수학교과 교육과정 내에서 출제하여 평가 - 수학교과에 대한 지식 정도와 이해력, 문제 해결능력 및 서술 능력을 평가

- **모집인원** : 22명(**지역인재전형**)
- **지원자격** : 부산, 울산, 경남 지역에 소재하는 고등학교의 전 교육과정(고등학교 입학일부터 졸업일까지)을 이수한 국내 정규 고등학교 졸업(예정)자
- **전형방법** : 논술 70%+학생부 교과 30%
- **수능 최저학력기준** : 국어, 수학(미적분, 기하 중 택1), 영어, 과학탐구 영역 중 수학 포함 3개 영역 등급 합 4 이내&한국사 4등급 이내

  ※ 과학탐구영역 과목은 지원자가 자유 선택하되 반드시 2과목을 응시하여야 함

  ※ 탐구영역은 2과목 평균을 반영함

논술고사 | 문항 1

출제범위	수학과 교육과정 과목명	수학Ⅰ, 수학Ⅱ, 미적분
	핵심개념 및 용어	미분의 부등식의 활용, 등비수열의 합
예상 소요 시간	30분 / 전체 100분	

[해설]

본 문항은 도함수의 성질을 부등식에 활용하여 함수들 사이의 대소 관계를 계산하고 부채꼴의 넓이를 라디안 각으로 표현하고 주어진 규칙을 가지는 도형의 넓이를 계산과 정의된 수열의 규칙성을 활용하여 만족시키는 부등식을 주어진 부등식으로 구성해나가는 과정을 논리적으로 바르게 서술할 수 있는지를 평가한다.

논술고사 | 문항 2

출제범위	수학과 교육과정 과목명	수학, 수학 II, 미적분
	핵심개념 및 용어	매개변수로 나타낸 함수, 매개변수로 나타낸 함수의 미분법, 함수의 극한, 치환적분법
예상 소요 시간	35분 / 전체 100분	

[해설]

본 문항은 매개변수로 나타낸 함수, 매개변수로 나타낸 함수의 미분법을 이해하고 함수의 극한값 및 치환 적분법을 이용한 정적분 값을 구할 수 있는지를 평가한다.

논술고사 | 문항 3

출제범위	수학과 교육과정 과목명	수학 I, 기하
	핵심개념 및 용어	코사인법칙, 이면각, 삼수선, 정사영
예상 소요 시간	35분 / 전체 100분	

[해설]

본 문항은 삼각기둥에서 선분들의 길이를 찾고 코사인 법칙을 이용하여 주어진 길이를 찾을 수 있는지를 평가한다. 공간에서 주어진 삼각형의 넓이가 일정함을 만족시키는 점들의 조건을 찾기 위해 그 점들의 정사영에서의 길이들을 계산하여 반원이 됨을 찾고 각각의 도형을 포함하는 두 평면(삼각형)의 넓이를 계산하여 두 평면(삼각형)이 이루는 각의 크기를 구하고 주어진 도형의 넓이를 구할 수 있는지를 평가하는 문항이다.

성균관대학교

모집단위	시험일시	시간	문항수	출제범위	출제경향
의예과	11.17(일) 16:00~17:40	100분	3문항	수학(상, 하), 수학 I , 수학 II	- 수학개념 유도 가능성 평가 - 수학 개념 이해도 평가 - 문제해결 능력 평가 포함

- **모집인원** : 10명
- **지원자격** : 고교졸업(예정)자* 또는 관련 법령에 의하여 이와 동등 이상의 학력이 있다고 인정된 자

  * 2025년 2월 2학년 수료예정자 중 상급학교 조기입학 자격 부여자(상급학교 진학대상자) 포함

- **전형방법** : 논술 100%
- **수능 최저학력기준** : 국어, 수학, 영어, 탐구(2개 과목 평균) 4개 영역 중 3개 등급 합 4등급 이내

  ※ 국어, 수학, 영어, 사탐/과탐 한국사 필수 응시

  ※ 탐구영역은 반드시 2개 과목을 응시해야 함

  ※ 전 모집단위 사탐/과탐 과목 선택 제한 없음

- **논술 답안지 작성 및 유의사항**

  ※ 제시문을 그대로 옮겨 적는 것과 답안에 풀이 과정을 생략하고 정답만 적는 것 피해야 함

  ※ 답안이 적절하다 하더라도 풀이 과정이 제시되지 있지 않으면 좋은 점수 얻기 힘듦

  ※ 수식 계산 과정에서의 실수 주의/단위를 적지 않거나 잘못 적는 경우 주의

  ⇒ 최종 정답의 숫자까지도 맞는데 단위가 없거나, 잘못 기재되어 있는 경우 오답 처리됨

  ※ 시간 안배 - 요점 메모, 시간 정해서 글쓰기 연습/답안지 범위 내 답안 작성, 답안 작성 시간 안배

논술고사 | 문항 1

출제범위	수학과 교육과정 과목명	수학, 수학 II
	핵심개념 및 용어	미분계수, 도함수, 극값, 함수의 그래프의 개형, 함수의 최대와 최소
예상 소요 시간	40분 / 전체 100분	

[해설]

함수의 그래프를 이해하고 미분계수, 도함수의 정의 및 함수의 극대 극소를 이용하여 주어진 문제를 해결할 수 있는지를 평가하고자 한다.

[문제 1-1] 두 함수 사이의 대소 관계를 판별하여 주어진 문제를 해결할 수 있는지를 평가하는 문제이다.

[문제 1-2] 함수의 극대 극소와 미분계수의 관계를 이용하여 주어신 문제를 해결할 수 있는지를 평가하는 문제이다.

[문제 1-3] 미분계수의 정의를 이용하여 주어진 문제를 해결할 수 있는지를 평가하는 문제이다.

[문제 1-4] 미분계수의 정의를 이용하여 주어진 문제를 해결할 수 있는지를 평가하는 문제이다.

논술고사 | 문항 2

출제범위	수학과 교육과정 과목명	수학, 수학 I
	핵심개념 및 용어	원과 직선의 위치 관계, 일반각과 호도법, 사인법칙
예상 소요 시간	30분 / 전체 100분	

[해설]

[문제 2-1] 〈제시문 1〉의 수열, 원과 직선의 위치 관계를 통해 원 위의 점들의 규칙성을 찾고 사인법칙을 이용하여 호의 길이가 일정함을 보이는 문제이다. 수학 I 에서 배운 수열의 귀납적 정의를 이용하여 수열의 의미를 파악하고 원과 직선의 위치 관계를 통해 점의 위치를 기하학적으로 나타내면 규칙성을 파악할 수 있다. P_n과 P_{n+1}의 관계를 올바르게 파악한다면 호의 길이가 일정함을 사인법칙을 통해 보일 수 있다.

[문제 2-2] [문제 2-1]에서 기하학적으로 P_n과 P_{n+1}을 나타내 보고 P_n을 위치별로 나열해 보면 규칙성을 발견할 수 있다. 그 결과로 주어진 문제의 점의 좌표를 구할 수 있다.

[문제 2-3] P_n의 규칙성을 찾고 그 결과로 삼각형 $P_n P_{n+1} P_{n+2}$이 같은 모양인 경우를 찾아내고 그것을 이용하여 A(n)의 최대값이 되는 경우가 한 선분이 지름이 되는 경우이다. 이를 직관적으로 찾아내고 식으로 표현할 수 있어야 한다.

논술고사 | 문항 3

출제범위	수학과 교육과정 과목명	수학, 수학 I , 수학 II
	핵심개념 및 용어	이차방정식, 도함수, 정적분
예상 소요 시간	30분 / 전체 100분	

[해설]

[문제 3-1] 등차수열의 합과 일반항 사이의 관계를 활용하여 조건에 맞는 함수의 정적분을 계산하는 내용이다.

[문제 3-2] 조건에 맞는 이차함수와 삼차함수를 찾고, 정적분을 계산하는 내용이다.

[문제 3-3] 삼차함수의 극값을 활용하여 조건에 맞는 계수값을 찾는 내용이다.

아주대학교

모집단위	시험일시	시간	문항수	출제범위	출제경향
의예과	11.30(토) 19:00~	120분	2문항 [수리논술+과학 논술(생명과학)]	수학(상, 하), 수학Ⅰ, 수학Ⅱ, 미적분, 생명과학Ⅰ, Ⅱ	- 수리적 분석력, 응용력, 창의력을 측정하는 문제 출제 - 고교 교육과정을 정상적으로 이수한 학생의 경우 해결할 수 있는 수준의 다양한 수학적 주제를 다룸 - 답이 틀려도 풀이 과정이 옳으면 상당한 부분점수를 부여함 - 공식을 암기하여 풀 수 있는 문제는 출제하지 않음 - 영어 제시문은 출제하지 않음

■ **모집인원** : 20명

■ **지원자격** : 국내/외 고등학교 졸업(예정)자(조기졸업자 포함) 또는 관계 법령에 의하여 고등학교 졸업자와 동등 이상의 학력이 있다고 인정된 자

■ **전형방법** : 논술 80%+학생부교과 20%

■ **수능 최저학력기준** : 국어, 수학(선택과목 제한 없음), 영어, 사탐/과탐(탐구 중 2과목 평균) 등급 합 6 이내

논술고사 | 문항 1

출제범위	수학과 교육과정 과목명	수학Ⅰ, 수학Ⅱ
	핵심개념 및 용어	삼각함수, 등비수열, 정적분, 함수의 그래프
예상 소요 시간		60분

[해설]

수학Ⅰ의 삼각함수, 등비수열, 수학Ⅱ의 함수의 그래프 개형과 두 곡선으로 둘러싸인 넓이를 구하는 내용을 바탕으로 다양한 조건을 만족하는 문제를 해결할 수 있는지를 묻고 있다. 두 곡선 사이의 넓이를 계산하여 조건에 해당하는 자연수의 값을 계산하거나 두 곡선의 특징을 분석하고 그 내부 또는 경계 위에 있는 점의 개수를 논리적으로 추론할 수 있어야 한다. 또한 반복함수라는 개념

으로 주어진 조건에 해당하는 함수를 추론하거나 조건의 해당하는 점을 구해 합하는 문제 해결을 요구한다. 특히, 반복함수로 주어진 함수와 직선의 방정식과의 교점의 개수를 추론하는 과정에서 문제 상황을 세세히 관찰하고 추론하는 능력이 필요하다. 따라서 본 문항은 주어진 문제 상황을 이해하고 효과적인 문제 해결 전략을 찾는 문제 해결 역량과 논리적으로 자신의 사고를 전개하는 추론 역량을 평가하는 문항이다.

논술고사 | 문항 2

출제범위	과학과 교육과정 과목명	생명과학Ⅰ, 생명과학Ⅱ
	핵심개념 및 용어	기초대사량, 내분비계와 호르몬, 자율신경계, 세포의 호흡, 유전병
예상 소요 시간	60분	

[해설]

제시문은 비만증에 대한 전반적인 내용과 치료법에 관해 고등학교 생명과학(Ⅰ&Ⅱ)과정을 이수한 학생의 수준에 맞추어 설명하고자 하였습니다. 그리고 질문에서는 제시문의 내용을 바탕으로 물질대사, 몸의 항상성 유지(내분비계, 자율신경계), 세포의 호흡, 단백질의 전사와 번역, 유전자의 유전과 유전병에 관한 종합적인 이해도와 응용 능력을 요구하는 문항을 출제하였습니다.

연세대학교 미래캠퍼스

모집단위	시험일시	시간	문항수	출제범위	출제경향
의예과	11.22(금)	120분	수학, 과학 각각 2문제	- 수학(상, 하), 수학Ⅰ, 수학Ⅱ, 미적분, 기하 - 물리학(Ⅰ, Ⅱ), 화학(Ⅰ, Ⅱ), 생명과학(Ⅰ, Ⅱ) 중 1개 교과목 선택	- 수리 및 과학적 사고력 평가 - 고교 교육과정의 범위와 수준을 준수하여 출제

- **모집인원** : 15명
- **지원자격** : 국내외 정규 고등학교 졸업자(2025년 2월 졸업예정자 포함) 또는 법령에 의하여 고등학교 졸업자와 동등의 학력을 인정받은 자(국내 고등학교 졸업학력 검정고시 합격자 포함)
- **전형방법** : 논술 성적 100%
- **수능 최저학력기준** : 국어, 수학(미적분, 기하 중 택 1), 과탐 1, 과탐 2 중 3개 영역 1등급 이상, 영어 2등급 이내, 한국사 4등급 이내, 과학탐구 각각 반영

    ※ 과학탐구 4개 과목(물리학, 화학, 생명과학, 지구과학) 중 과목명이 다른 2개의 과목에 반드시 응시해야 하며, 동일 과목의 Ⅰ, Ⅱ 선택은 불가함

논술고사 | 문항 1

출제범위	수학과 교육과정 과목명	수학, 수학Ⅰ
	핵심개념 및 용어	집합, 경우의 수, 조합, 자연수의 거듭제곱의 합
예상 소요 시간	30분	

[해설]

[문제 1-1] $U_3=\{1, 2, 3\}$의 두 부분집합 A와 B에 대해서 두 조건 $A \cup B=U_3$과 $n(A)=2$을 만족시키는 (A, B)의 개수를 구하고 $U_3=\{1, 2, 3, 4\}$의 두 부분집합 A와 B에 대해서 두 조건 $A \cup B=U_4$과 $n(A)=3$을 만족시키는 〈A, B〉의 개수를 구한다. 이를 이용하여 c_2를 구하고 b_3을 구하는데 사용된 〈A, B〉를 모두 찾는다.

[문제 1-2] a_k와 b_k를 구하고 $b_{k+1}=c_1 a_1+c_2 a_2+\cdots+c_k a_k$이 성립하는 양수 $c_1, c_2, \cdots, c_k$를 구한다.

논술고사 | 문항 2

출제범위	수학과 교육과정 과목명	미적분, 기하
	핵심개념 및 용어	이차곡선, 삼각함수
예상 소요 시간	30분	

[해설]

[문제 2-1] 초점이 같은 타원과 쌍곡선에 대해서 타원과 쌍곡선의 교점 R과 두 점 P, Q가 만드는 직각삼각형($\overline{PQ}$를 빗변으로 함)에 피타고라스 정리를 적용하고, 점 R이 타원과 쌍곡선 위에 있음을 사용하여 타원의 방정식과 쌍곡선의 방정식을 구한다. 쌍곡선의 방정식이 점 B를 지남을 사용하여 선분 AB의 길이를 구한다.

[문제 2-2] P 지점에 있는 국기게양대의 꼭대기를 점 H라 하면, 삼각형 $\triangle PBH$에서 탄젠트의 정의에 의해 h^2을 $\tan 15°$와 $\overline{BP}^2$으로 표현할 수 있다. 여기서 삼각함수의 덧셈정리 중 탄젠트의 차공식을 45도와 30에 적용하여 $\tan 15°$의 값을 구할 수 있으며, 삼각형 $\triangle PAH$에 피타고라스 정리를 적용하여 $\overline{BP}^2$의 값을 구할 수 있다.

논술고사 | 문항 3-1

출제범위	과학과 교육과정 과목명	물리학 I, 물리학 II
	핵심개념 및 용어	뉴턴 운동 제2법칙, 등가속도 운동, 포물선 운동, 평행판 축전기, 트랜지스터, 증폭 작용
예상 소요 시간	60분	

[해설]

[문제 1-1] 평행판 축전기 안에 형성된 균일한 전기장 속에서 운동하는 점전하는 전기장 방향으로 등가속도 운동임을 이해해야 하는 문제이다. 중력장에서 물체의 운동과 전기장 속에서 점전하의 운동이 같은 등가속도 운동이기에, 점전하는 평행판 축전기 안에서 평면상의 포물선 운동을 한다. 점전하의 도착 지점의 위치 정보로부터, 포물선 운동을 이용하여, 도착 속도를 예측하여 운동에너지를 정량적으로 계산하는 문제이다.

[문제 1-2] [문제 1-1]과 같은 개념의 문제나 역으로 점전하의 운동에너지를 알 때, 점전하의 도착 지점을 예측하는 문제이다.

[문제 2-1] 트랜지스터의 증폭 작용을 이해하여, 컬렉터 전류 값을 알 때 이미터와 베이스 전류 값을 추론하여 적절한 저항 값을 유추하는 문제이다.

[문제 2-2] 컬렉터 전류 값의 범위를 알 때, 트랜지스터의 증폭 작용을 이해하여, 베이스 전류 값을 범위를 추론하여 적절한 가변 저항기의 저항 값의 범위를 유추하는 문제이다.

논술고사 | 문항 3-2-1

출제범위	과학과 교육과정 과목명	화학Ⅱ
	핵심개념 및 용어	분자간 상호 작용, 평형, 몰분율
예상 소요 시간	25분	

[해설]

[문제 1-1] 분자 간 상호 작용을 이해하고, 분자 간 상호 작용의 크기와 끓는점의 관계에 대한 이해도를 평가한다.

[문제 1-2] 평형에 대한 이해도를 평가한다.

[문제 1-3] 몰분율에 대한 이해도를 평가한다.

논술고사 | 문항 3-2-2

출제범위	과학과 교육과정 과목명	화학Ⅰ, 화학Ⅱ
	핵심개념 및 용어	용액의 농도, 산화-환원, 연료 전지, 전기 분해
예상 소요 시간	25분	

[해설]

[문제 2-1] 산화 환원 반응의 완결 및 용액의 농도 개념에 대한 이해도를 평가한다.

[문제 2-2] 수소 연료 전지에 대한 이해도를 평가한다.

[문제 2-3] 전기 분해에 대한 이해도를 평가한다.

논술고사 | 문항 3-3-1

출제범위	과학과 교육과정 과목명	생명과학 I , 생명과학 II
	핵심개념 및 용어	유전 법칙
예상 소요 시간	30분	

[해설]

[문제 1-1] 유전의 법칙을 이해하는지 평가하려고 함.

[문제 1-2] 유전의 법칙에 나오는 용어들을 이해하고 응용할 수 있는지 평가하고자 함.

논술고사 | 문항 3-3-2

출제범위	과학과 교육과정 과목명	생명과학 I
	핵심개념 및 용어	유전자와 염색체, 염색체 이상과 유전자 이상
예상 소요 시간	20분	

[해설]

[문제 2-1] 세포분열과정에서 DNA양의 변화, 유전자 수의 변화를 이해하고 있는지 평가하고자 함.

[문제 2-2] 생식세포분열과정에서 염색체 비분비를 이해하고 있는지 평가하고자 함.

[문제 2-3] 염색체의 구조이상을 이해하고 있는지 평가하고자 함.

인하대학교

모집단위	시험일시	시간	문항수	출제범위	출제경향
의예과	12.01(일)	120분	3문항	수학(상, 하), 수학Ⅰ, 수학Ⅱ, 미적분	- 통합교과형이 아니라 수학 교과만을 평가하는 특징을 가짐 - 수학 교과의 배경지식이나 기본교과지식의 수 준을 평가하는 것은 아님 - 수학 교과의 여러 개념 및 원리를 문제 해결에 활용하는 능력 및 수리응용 능력, 그리고 문제 풀이 과정을 논리적으로 서술하는 능력 등을 평 가하는 시험

■ **모집인원** : 12명

■ **지원자격** : 고교 졸업학력 인정 고등학교 졸업(예정)자 또는 법령에 의하여 고등학교 졸업 이상
  의 학력이 있다고 인정된 자로서, 가능한 고교는 일반고, 자율고, 특목고, 특성화고, 해외고이며
  검정고시 가능, 졸업생 가능

■ **전형방법** : 논술 70%+학생부 교과 30%

■ **수능 최저학력기준** : 국어, 수학, 영어, 사회/과학탐구(2과목) 중 3개 영역 각 1등급 이내

  ※ 사회/과학탐구 2개 과목을 평균하여 적용함(2개 과목 평균등급이 1등급이면 1등급, 2등급 이
    내이면 2등급으로 함)

■ **논술 답안지 작성 및 유의사항**

  ※ 흑색필기구(볼펜, 연필, 샤프 등)만 사용 가능, 수성 사인펜 등 번지는 필기구 사용 불가

  ※ 수정 테이프, 지우개 사용 가능

  ※ 수식만 나열하는 것은 감점 요인 - 수식을 완전한 문장 속으로

  ※ 논제의 의도를 파악 - 단서를 유심히 살펴야

  ※ 최종 결과는 주어진 값으로 표현

  ※ 특수한 예를 들어 일반화하는 오류를 피해야 합니다.

  ※ 앞 문제를 풀지 못해도 다음 문제에 도전

  ※ 답안지를 작성할 때에는 문항번호에 해당하는 답란에 답을 작성하고, 답란 밖에는 작성하지
    말 것

  ※ 본인이 지원한 모집단위에 해당하는 문항을 선택하여 답안을 작성할 것

논술고사 | 문항 1

출제범위	수학과 교육과정 과목명	미적분
	핵심개념 및 용어	매개변수로 나타낸 함수의 미분, 치환적분
예상 소요 시간	40분 / 전체 120분	

[해설]

[문제 1-1] 그래프의 개형으로부터 두 곡선이 한 점에서 만날 때는 함숫값과 미분계수가 일치해야
함을 이용하는 문제이다.

[문제 1-2] 제시문 (가)를 이용하여 매개변수로 나타낸 함수의 미분법을 이용하여 미분계수를 구하
는 문제이다.

[문제 1-3] 제시문 (나)를 이용하여 변수를 변수로 치환하여 적분하는 문제이다.

논술고사 | 문항 2

출제범위	수학과 교육과정 과목명	수학 II
	핵심개념 및 용어	정적분, 함수의 연속
예상 소요 시간	40분 / 전체 120분	

[해설]

[문제 2-1] 함수의 연속을 이해하고 사잇값 정리를 활용할 수 있는지 평가하는 문제이다.

[문제 2-2] 함수의 최솟값의 의미를 이해하는지 평가하는 문제이다.

[문제 2-3] 문제를 해결하기 위하여 그래프의 개형을 이해해야 한다. 주어진 정보로부터 그래프의
개형을 파악할 수 있는지 평가하는 문제이다.

논술고사 | 문항 3

출제범위	수학과 교육과정 과목명	수학, 수학 I
	핵심개념 및 용어	수학적 귀납법, 귀류법, 경우의 수
예상 소요 시간	40분 / 전체 120분	

[해설]

[문제 3-1] 수학적 귀납법을 이용하여 명제를 증명할 수 있는지 평가하는 문제이다.

[문제 3-2] 귀류법을 이용하여 명제를 증명할 수 있는지 평가하는 문제이다.

[문제 3-3(1)] 주어진 조건을 이용하면 $\sum_{i=1}^{99}|b_i|$를 간단한 형태로 바꿀 수 있다. 이때 $\sum_{i=1}^{99}|b_i|$의 값이 최대가 되도록 $a_1, a_2, \cdots, a_{99}$의 값을 정할 수 있다.

[문제 3-3(2)] 순열의 개수, 곱의 법칙 등을 이용하여 경우의 수를 구하는 문제이다.

중앙대학교

모집단위	시험일시	시간	문항수	출제범위	출제경향
의예과	11.23(토) 14:00~16:00	120분	4문항	수학(상, 하), 수학Ⅰ, 수학Ⅱ, 미적분, 기하, 확률과 통계	- 고등학교 교육과정의 내용과 수준에 맞추어 출제 - 대학에서의 수학에 필요한 사고력과 쓰기 능력 측정에 중점을 둔 출제

- **모집인원** : 18명
- **지원자격** : 고등학교 졸업(예정)자, 2학년 수료예정자 중 상급학교 진학대상자 또는 관계 법령에 의하여 고등학교 졸업자와 동등 이상의 학력이 있다고 인정된 자
- **전형방법** : 논술 70%+학생부 교과 20%+학생부 비교과(출결) 10%
- **수능 최저학력기준** : 국어, 수학, 영어, 사/과탐(2과목 평균) 중 4개 등급 합 5 이내, 한국사 4등급 이내

  ※ 2과목 평균은 소수점 자리 버림 없이 그대로 반영(예시 : 4개 영역 등급 합 4.5인 경우 미충족)

  ※ 영어 등급 반영 시 1등급과 2등급을 통합하여 1등급으로 간주하여 수능최저학력기준 충족 여부를 산정

논술고사 | 문항 1

출제범위	수학과 교육과정 과목명	수학, 확률과 통계
	핵심개념 및 용어	내분, 외분, 수학적 확률, 독립
예상 소요 시간	20분 / 전체 120분	

[해설]

[문제 1-1] 주머니에서 공을 꺼내어 확률을 결정하고 상황에 맞게 좌표평면 위의 점들의 관계를 계산해서 조건에 맞는 경우를 찾는 과정을 다룬다.

[문제 1-2] 발생할 수 있는 모든 경우와 그 확률을 찾아내고, 상황에 맞는 선분의 내분점과 외분점의 좌표를 계산할 수 있어야 한다.

[문제 1-3] 최종적으로 두 점 사이의 거리를 계산하여 조건에 맞는 경우를 찾아낸다.

논술고사 | 문항 2

출제범위	수학과 교육과정 과목명	수학Ⅱ / 미적분
	핵심개념 및 용어	도함수, 증가, 감소 / 치환적분법
예상 소요 시간	30분 / 전체 120분	

[해설]

[문제 2-1] 도함수를 이용하여 주어진 함수의 최댓값과 최솟값을 찾는 문제는 미분의 핵심적인 응용주제이다. 정적분과 미분의 관계를 주어진 함수의 도함수를 구하고, 이 도함수로 부터 함수의 극대, 극소를 찾고, 도함수의 부호를 조사하여 함수가 증가하는 구간과 감소하는 구간을 조사하여 함수의 최댓값을 찾는 문제이다.

[문제 2-2] 좌표평면 위를 움직이는 점의 위치가 시간에 대한 함수로 주어질 때 점이 움직인 거리를 구하는 문제는 미분과 정적분의 개념을 이동거리와 속력 사이의 관계에 적용을 하여 해결하는 중요 응용 문제이다. 이를 잘 이해하고 구체적으로 주어진 정적분에 치환적분을 적용하여 계산을 할 수 있는지 평가한다.

논술고사 | 문항 3

출제범위	수학과 교육과정 과목명	미적분, 수학Ⅰ / 수학, 수학Ⅱ, 미적분
	핵심개념 및 용어	정적분, 수열의 합 / 평면좌표, 여러 가지 미분법, 그래프의 개형
예상 소요 시간	30분 / 전체 120분	

[해설]

[문제 3-1] 정적분을 하여 수열을 구하고 수열의 합을 구할 수 있는지 평가한다.

[문제 3-2] 문제를 이해하여 함수를 구성하고 여러 가지 미분법을 이용하여 최솟값을 구할 수 있는지 평가한다.

논술고사 | 문항 4

출제범위	수학과 교육과정 과목명	기하, 수학, 미적분 / 기하
	핵심개념 및 용어	타원, 접선의 방정식, 이차방정식의 근과 계수의 관계, 덧셈정리 / 정사영
예상 소요 시간		40분 / 전체 120분

[해설]

[문제 4-1] 타원의 접선의 방정식에 타원 외부의 점의 좌표를 대입하여 얻은 이차방정식의 근으로 부터 접선의 기울기에 대한 조건을 유추해 낼 수 있는지를 평가한다. 이 과정에서 탄젠 트함수의 덧셈정리를 활용할 수 있는지를 평가한다.

[문제 4-2] 평면 외부에 놓인 삼각형을 평면으로 정사영하여 얻은 삼각형과 원래 삼각형 사이의 기 하적인 관계를 주어진 선과 면의 조건으로부터 구할 수 있는지를 평가한다.

6장을 마무리하며 : 수리논술 만점을 목표로

수리논술을 통한 의대 합격은 지원 학교별 약간의 차이가 있지만 시험에 나온 모든 문제를 맞춘다는 것을 목표로 접근해야 합니다. 결국 결코 쉽게 합격할 수 있는 시험이 아닙니다. 준비된 사람만 결과를 낼 수 있는 시험입니다. 꾸준하게 시간에 맞춰 문제를 푸는 연습을 하고 또 예시 답안과 비교하며 복습하는 것이 무엇보다 중요합니다.

쉽지않지만 잘 준비해서 결과를 만들어내시기 바랍니다.

다음의 내용을 참고하여 나에게 맞는 대학을 선택하고 적절한 시간을 투자하여 원하는 결과를 만들어 내십시오.

첫째, 수능 최저 충족 가능성을 먼저 확인하고 부족하다면 채워나가야 합니다. 최초 경쟁률의 절반 가까이가 수능 최저학력기준을 충족하지 못하는 것이 현실입니다. 다른 관점으로 보면 수능 최저학력기준만 맞출 수 있다면 이미 지원자 절반 이상을 제치고 경쟁한다 할 수 있습니다. 자신의 모의평가 성적을 바탕으로 자신이 지원한 대학의 수능 최저학력기준을 충족시킬 수 있을지 예측하여 접근해야겠습니다.

둘째, 최근 대학별 기출문제(3개년~5개년)와 모의논술을 통하여 대학별유형과 출제 경향을 파악해야 합니다. 상당한 수준의 공부를 한 지원자들도 각자가 더 강한 부분과 약한 부분이 존재합니다. 학교별 수학 문제들을 풀어보면 각 학교가 주안점을 두는 부분이 다름을 알 수 있습니다. 자신이 기출을 풀어보면서 좀 더 편안하게 답안 작성이 가능한 곳이 있다면 그 학교를 우선시하여 준비하는 것 역시 분명 좋은 전략이 될 것입니다.

셋째, 지원할 대학이 분명해졌다면 지원할 대학의 선행학습영향평가보고서와 논술가이드북을 통하여 출제기준, 출제범위, 예시답안 등을 숙지하여 논술대비를 진행하시기 바랍니다. (학교에 따라서는 논술가이드북을 제공하지 않는 곳도 있습니다. 그러나, 각 대학의 선행학습영향평가보고서는 대학별 입학처에서 확인할 수 있습니다.) 논술가이드북에 언급된 재학생의 합격수기나 학교에서 제공하는 논술 공부법 등을 읽어보는 것만으로도 꽤 많은 도움이 됩니다. 게다가 선행학습영향평가보고서에서 이야기하는 채점기준 등을 확인하는 건 답안 작성을 연습하는 데 있어서 필수적인 부분입니다. 채점기준을 보며 자신의 답안에서 어떤 부분이 부족하고 어떤 부분을 잘못 해석했는지 확인해가며 연습해야 합니다. 그런 연습이 쌓이고 쌓여 실제 시험에서 제대로 된 점수를 획득할 수 있습니다.

마지막으로 처음 논술을 준비할 때는 무엇보다도 쓰는 연습을 제대로 해 나가야 합니다.

문제를 푸는 것뿐만 아니라 풀이한 문제를 어떻게 표현할 것인가에 대해서 자기만의 방법을 정립해 나가는 데도 꽤 많은 시간이 걸립니다.

만약 논술 수업을 듣는다면 수업 시간 3~4시간, 수업 후 수업 내용 복습 1시간, 그리고 과제 1~2시간 등 일주일에 총 7시간 내외의 시간을 꾸준히 투자해야 합니다.

논술만큼 공부한 사람과 그렇지 않은 사람의 답안 작성이 크게 차이나는 전형도 없습니다. 논술을 통한 도전을 진행할 마음이 확고하다면 꾸준함과 성실함이라는 가장 강력한 무기를 가지고 해결책을 만들어가시기 바랍니다.

이성으로 진리에 다다를 수 있을 것이라 생각했던 독일의 철학자 임마누엘 칸트의 짧지만 강렬한 명언과 함께 글을 마무리해 봅니다.

"나는 해야 한다. 그러므로 나는 할 수 있다."

도전하는 모든 이들에게 좋은 결과가 함께하기를 기원합니다.

7장
—

의대 면접
이해하기

의대 면접이 걱정되는 이들에게

의과대학 입시에서 면접은 지원자의 학업 능력뿐만 아니라, 향후 의료인으로서 갖추어야 할 인성, 가치관, 문제 해결 능력 등을 종합적으로 평가하는 전형 요소입니다.

워낙 최상위권 수험생들이 소숫점 단위로 경쟁하다보니 의대입시에서 면접이 당락 여부를 좌우하는 핵심 요소가 되기도 합니다. 그러므로 결코 준비에 소홀할 수 없습니다.

면접은 성적 중심의 기준 외에 다양한 측면의 자질을 판단할 수 있어 중요한 선발 전형이라 할 수 있습니다. 특히 생명을 다루는 의사를 양성하는 만큼 지원자의 인적성을 평가하는 면접에 대한 필요성은 계속 증대될 수밖에 없습니다.

이런 이유로 2025학년도 의대입시의 수시 및 정시 모집에서 순천향대, 이화여대, 충북대, 한양대, 제주대 5개 대학을 제외하고 대부분 면접고사를 시행합니다.

게다가 면접 형식 또한, 전통적인 질문-응답 방식의 기존 면접 방식에서, 다중미니면접(MMI) 같은 다차원적 방식으로 확대 도입이 되는 추세입니다.

이 장에서는 먼저 의대 면접의 종류에 대해 알아보고, 각 대학별 면접 내용을 살펴본 후 면접을 준비하는 방법과 마음가짐에 대해 알아보겠습니다.

그 전에 우선, 면접을 보는 입시 전형에 대해 생각해봅시다. 많은 학생들이 막연하게 학생부종합전형에서만 면접이 있는 것이라고 오해하는 경우가 많습니다. 하지만 면접은 교과전형, 정시전형에서도 치러지고 있습니다.

면접은 교과, 학종, 정시전형 모두 볼 수 있습니다.

2025학년도 학생부 교과전형에서 면접을 보는 대학은 울산대, 인제대, 고신대, 영남대, 대구가톨릭대, 계명대, 을지대, 건양대, 건국대(글로컬), 연세대(미래), 가톨릭대 11곳입니다. 다만 같은 학생부교과라도 세부 전형에 따라 면접의 실시 여부가 달라지니 주의해야 합니다.

이 중 가톨릭대의 경우는 학생부교과를 100%로 반영하고 면접은 합격과 불학격을 가르는 기준으로 삼습니다. 그 외 대학은 학생부교과 성적으로 1단계 선발 후 2단계에서 학생부교과 성적과 면접 성적을 일정 비율로 합산하여 반영합니다. 이 경우 면접의 비율은 대개 10~30% 수준입니다.

학종은 면접을 보는 대학이 가장 많은 전형입니다. 2025학년도 수시 학종전형에서는 가천대를 비롯한 28개 대학에서 면접을 실시합니다. 학생부교과전형과 마찬가지로 전형에 따라 면접을 실시 여부가 달라지니 주의를 해야 합니다.

면접을 실시하는 학종전형은 모두 1단계 서류 전형에서 3배수 내지 10배수를 우선 선발하고 2단계에서 1단계 성적과 면접 성적을 일정 비율로 합산하여 반영합니다. 학종전형에서 면접 점수의 비율은 대체로 20~50%입니다.

2025학년도 정시에서 면접을 보는 대학은 가톨릭대, 고려대, 서울대, 연세대, 성균관대, 아주대, 한림대, 경북대, 인제대, 울산대 10개교입니다. 이들 대학 중 가톨릭대, 아주대, 연세대, 한림대 4개교는 면접 성적을 일정 부분 비율로 반영합니다. 나머지 대학은 면접 결과를 성적에 반영하지 않고 합격과 불합격을 판정하는 기준으로 삼습니다.

면접 유형 Ⅰ - 면접 형식에 따라

2025년 의대입시 면접의 유형은 형식에 따라 서류 기반 면접, 제시문 기반 면접, 다중미니 면접(MMI), 교과 지식 문제 면접으로 구분할 수 있습니다.

주의할 것은 어느 한 형식으로만 면접을 치르는 것이 아니라, 각 유형을 섞어서 시행하기도 한다는 점입니다.

가. 서류 기반 면접

서류 기반 면접은 지원자가 제출한 학교생활기록부와 같은 서류를 바탕으로 질의가 이어지는 형식의 면접입니다. 교과지식을 측정하는 면접이 아닌 학교생활기록부를 토대로 지원자의 역량을 확인합니다. 학업 수행역량, 인성, 기초 소양 등을 확인합니다. 학교생활기록부에 기재한 활동 내용의 진위 여부를 확인하기 위해 질문을 하기도 합니다. 특히 동아리 활동 같은 고교 경험을 의대 진로와 연관지어 질문을 하는 경우도 많습니다. 질문의 난이도도 교육과정을 정상적으로 이수하면 충분히 답할 수 있는 수준입니다. 다음 2024년 전북대 의예과 '큰사람전형'의 예시를 참고해보십시오. 서류 기반 면접은 학생이 제출한 서류를 기반으로 질문을 던지기 때문에, 모든 수험생에게 반드시 동일한 질의를 한다고 볼 수는 없으며 다만, 학교측에서 밝힌 면접에 활용한 문항 예시는 다음과 같습니다.

〈서류 기반 면접 사례 1〉 2024년 전북대 의예과 학생부종합 큰사람전형 면접활용문항(예시)

- 타인이 본인의 지원학과에 대해 질문한다면, 어떻게 설명할 것인가?
- 의예과에서 성공적인 대학생활을 위해 가장 필요한 역량은 무엇이라고 생각하는가? 본인은 필요한 역량을 가지고 있다고 생각하는지 만약 가지고 있지 않다고 생각한다면 향후에 어떤 노력을 기울일 계획인지 말해보라.

- 고등학교 때 선택하여 수강한 과목 중 본인에게 도움이 되었던 과목은 무엇인가?
- 다른 사람들과 함께 생활하거나 활동을 수행할 때, 본인만의 장점이나 특징이 있다면? 타인과 소통이 잘 이루어졌던 경험이 있다면 말해보라.
- 고교 생활 중 팀 프로젝트를 수행한 경험이 있다면 어떤 활동이었으며, 본인은 어떠한 역할을 했는지 말해보라.(동아리 활동, 수행평가, 봉사활동 등)

생활기록부과 같은 제출 서류를 토대로 질문을 한다고 하지만, 전공 및 적성 영역에 대한 학업 열의와 소양 등도 평가항목이기 때문에, 의사라는 직업관과 윤리 의식 등과 관련하여 본인만의 생각을 정립해둬야 합니다. 다음 조선대의 예를 보시죠.

〈서류 기반 면접 사례 2〉 2024년 조선대 의예과 학생부종합 면접전형 면접문항

인공지능의사가 있다면 어느 정도로 활용했을 때 수용 가능하다고 생각하십니까? 또한 의예과 의사와 비교했을 때 어떤 장점이 있으며, 의사가 더 경쟁력을 확보하려면 어떤 점들을 강화하면 좋을지 말씀해 주세요.

나. 제시문 기반 면접

　제시문 기반 면접은 지문을 수험생에게 준 후 질문을 통해 면접을 진행하는 방식입니다. 지문의 형태는 다양합니다. 기사나, 과학 논문에서 인용한 글이기도 하고, 실험 결과 데이터도 있습니다. 인성과 폭넓은 사고력을 판단하기 위해, 딜레마적 상황을 제시한 후 이에 대한 학생의 판단을 묻기도 합니다. 제시문의 내용은 현행 교과 수준으로 접근할 수 있는 범위로 한정되어 있습니다. 과학적 근거에 기초하여 설득력 있게 설명할 수 있는지 평가하고자 하는 것입니다. 평소 교과 과정에서 과학 문제, 개념 등에 대해 깊이 있는 이해를 해둬야 문제를 해결할 수 있습니다. 또한 이렇게 배운 지식을 문제에 적용할 수 있는 능력, 근거를 대고 논리적으로 표현하는 능력도 필요합니다. 의사의 직업관, 의료 윤리에 관한 제시문은 윤리적 쟁점에 대한 이해, 공감 능력, 다양한 입장에서 상황을 바라보고 이해할 수 있는 능력이 요구되는 부분입니다.

〈제시문 기반 면접 사례 1〉 2024년 고려대 의예과 계열적합전형(인적성 면접 Ⅰ)

〈제시문〉

1. 1964년 침팬지의 심장이 사람에게 처음으로 이식되었고 환자는 2시간 동안 생존하였다.

2. 위 연구를 근거로 1967년에는 사람에서 사람으로 심장이식이 성공적으로 진행되었고, 환자는 30여 년 이상 생존하였다. 그 이후 심장이식은 치료가 불가능한 말기 심부전 치료의 마지막 치료 방법으로 자리매김하였다.

3. 사람의 심장 이식은 공여자의 수가 제한적이라 이종 간의 이식의 필요성이 강조되어 왔다. 이종 이식의 문제를 해결하기 위한 노력이 지속되던 중 2022년 인간화된 돼지의 심장이 말기 심부전 환자에게 임상 연구를 통해 최초로 이식되었고 이식받은 환자는 30여 일간 생존하였다.

4. 이상의 성과를 달성하기 위해 수많은 동물실험이 진행되었다. 최근 동물보호 단체에서는 동물권을 존중하여 동물실험을 금지하고자 하는 운동을 전개하고 있다.

〈질문〉

1. 제시문의 내용을 간단히 요약해보시오.

2. '제시문 1~3'의 내용으로부터 우리는 동물실험이 의학 발전에 크게 기여함을 알 수 있다. 그러나 '제시문 4'와 같이 동물실험을 제한하고자 하는 의견도 제시되고 있다. 이 두 가지 상반된 의견에 대한 학생의 의견을 제시하시오.

3. '제시문 3'을 위하여 돼지 심장에 사람 유전자를 삽입하였다. 이와 같은 이종 이식의 장단점에 대해 설명하시오.

〈제시문 기반 면접 사례 2〉 2024년 고려대 의예과 계열적합전형(인적성 면접 II)

〈제시문〉

키 150cm, 체중 70kg의 60세 여자가 병원에 방문하였다. 이 환자는 고혈압 및 당뇨로 치료 받고 있었다. 환자는 3개월 전부터 가슴 통증이 있고 잠도 못 잔다고 호소하였으며 상담 중 갑자기 눈물을 흘리며 죽고 싶다고 하였다.

〈질문〉

1. 학생이 의사라면 울며 죽고 싶다고 하는 환자에게 어떻게 대응하겠는가?

2. 환자는 남편과 3개월 전 사별했다고 하였다. 평가에서 우울증상이 심한 것으로 확인되었고 환자는 지속적으로 죽고 싶다고 언급하여 자살의 위험성이 높은 것으로 판단되었다. 환자는 자신의 상태를 가족에게는 알리지 말라고 하였다. 학생이 의사라면 환자에게 어떻게 하겠는가?

3. 환자는 결국 우울증 치료는 받기로 하였다. 그런데 가슴통증에 대해 시행한 검사결과 심장혈관에 심각한 동맥경화가 발견되었다. 치료를 권유했으나 환자는 치료를 거부하였다. 학생이 의사라면 환자의 동맥경화에 대해 어떻게 설명하겠는가?

두 고려대 기출 인적성 면접 사례를 보면, 딜레마적 상황과 윤리적 쟁점에 대한 이해와 판단을 묻는 동시에, 생명과학에 대한 기본 소양 즉, 유전공학 및 물질대사 질환에 대한 생물과학의 이해 능력을 묻고 있음을 알 수 있습니다. 이처럼 인적성 면접에서도 복합적인 형태의 면접이 치러지는 경우가 많습니다.

한편, 다음의 연세대 면접은 과학 제시문으로 교과 과정에서 배운 지식을 바탕으로 주어진 제시문에 담겨있는 과학 원리를 파악하고, 이를 통합적으로 해석하는 능력을 평가하기 위한 문제입니다. 평소 교과 과정의 깊이 있는 이해를 요구하고 있습니다. 단순한 암기 위주의 지식이 아니라, 생명과학, 화학의 원리를 이해하고, 논리적 사고 및 추론을 통해 문제를 해결하는 능력이 필요함을 알 수 있습니다.

〈제시문 기반 면접 사례 3〉 2024년 연세대 의예과 정시 일반전형 면접

〈제시문〉

연세대 선행학습영향 평가 보고서 참조

〈질문〉

1. [가]에 제시한 전기 음성도의 주기적 변화를 유효 핵전하, 원자 반지름의 주기성과 연관 지어 설명하시오. 또한 [나]에 제시한 바와 같이 물방울이 표면 장력에 의해 둥근 모양이 되는 이유를 분자 간 상호 작용으로 설명하시오. [20점]

2. [라]의 2차 실험에서 회복된 A형 붉은빵곰팡이의 성장 속도가 3차 실험에서 다시 느려진 원인을 A형 붉은빵곰팡이에 발생한 생물학적 변화를 중심으로 추론하시오. 또한 [마]에서 설명한 체외 유전자 치료의 이론적 근거를 [다], [라]를 바탕으로 설명하시오.

다. 다중미니면접(MMI)

다중미니면접은 다양한 상황을 제시하는 지문을 제시하고 이를 기반으로 질의응답을 진행하는 면접입니다. 보통 2개 이상의 면접실로 시행되는데, 수험생은 직접 각 면접실을 옮겨다니며 각 상황을 부여받아 인성과 소양, 문제해결능력 등을 집중적으로 평가받습니다. 면접 시간은 대학에 따라 다양하지만 대부분 각 면접실에서 대략 10분 내외로 이루어집니다. 주로 출제되는 면접 내용은 다음과 같습니다.

- 딜레마적 상황을 가정하여 지원자의 윤리적 판단
- 특정 주제에 관한 지원자의 생각
- 주어진 상황에서 지원자가 할당된 역할을 수행
- 정해진 주제에 대해 면접관과 지원자가 토론

이러한 면접을 통해 지원자의 도덕적 딜레마 상황에서의 대처 방식, 의료 사고에 대한 대응 자세, 예기치 못한 상황에서의 순발력, 상황에 대한 깊이 있는 분석력과 판단력 등을 평가합니다.

다중미니면접에서 제시되는 상황 제시문은 대부분 특정 상황에 대한 간단한 에피소드 형태로 구성되어 있으며, 딜레마 상황이나 상호 대립되는 관점이 포함되어 있는 경우가 많습니다. 제시문은 그림으로 주어지기도 하고, 영어로 표현될 수도 있습니다.

면접 현장에서 긴장하지 않고 차분하게 답변하기 위해서는 제시문을 신속하게 이해할 수 있어야 합니다. 이러한 능력은 평소 연습을 통해 충분히 끌어올릴 수 있습니다.

다음 예시를 보고 다중미니면접의 질의 형태에 대해 감을 잡아 보시기 바랍니다.

복수의 미니면접에서 다양한 형태의 상황이 제시됨을 알 수 있습니다.

〈면접 1〉

관광 명소 A에 설치된 유리 다리가 깨져 이를 걷던 방문객 한 명이 숨지는 사고가 발생했다. 조사 결과 유리 두께는 표준 안전 규격인 5cm에 한참 못 미치는 1.2cm짜리 중고 유리였으며, 유리 다리를 별도의 허가 없이 직접 설계하고 운영했던 것으로 확인되었다.

전봇대가 쓰러진 채 방치되어 있어 위험하다는 한 시민의 신고가 「안전신문고」에 접수되었다. 확인 결과 전봇대가 쓰러져 늘어진 전깃줄이 바람에 흔들리고 있었으며 우천 시 누전 및 감전 사고가 우려되었다. 해당 전봇대는 담당 부서를 통해 철거되어 안전사고를 예방할 수 있었다.

갑작스러운 폭우로 침수 피해가 크던 어느 늦가을, 낙엽과 쓰레기가 하수구를 막으면서 도로에 물이 차올랐다. 다행히 시민들이 스스로 낙엽과 쓰레기를 치운 덕분에 더 큰 피해를 막을 수 있었다.

〈질문〉 위 제시문을 읽고 면접위원의 질문에 답하시오.

〈면접 2〉

캐나다 밴쿠버에 있는 한 종합병원이 우울증 치료를 위해 방문한 환자에게 '의료 조력 사망(Medical Assistance In Dying, MAID)' 약물을 권한 사실이 밝혀지면서 논란에 휩싸였다.

우울증 환자인 캐서린 멘틀러는 자살 충동을 느껴 해당 병원 상담 센터를 찾았다. 먼저 임상의와 상담을 한 멘틀러는 정신과 의사 상담을 제안받았고, 정신과 의사가 도착할 때까지 병원에서 머물기로 했다. 그 후 병원 직원이 그를 찾아와 "병상이 부족하다"라고 하면서 멘틀러에게 "MAID를 고려해 보셨냐?"라며, MAID에 투여되는 약물, 구체적인 치사량 등에 대해 상세히 설명하였다. 멘틀러는 직원의 말을 듣고 깜짝 놀랐다.

〈질문〉 위 제시문을 읽고 면접위원의 질문에 답하시오.

〈면접 3〉

외국인 눈엔 혐오스러울 수 있는 세계의 전통음식 사진자료 : 노르웨이 스말로호베 양머리 요리, 필리핀 발롯 부화 직전의 오리알, 말레이시아 부톳 애벌레 요리, 이탈리아 카수마르주 구더기 치즈

〈질문〉 위의 그림을 보고 면접 위원의 질문에 답하시오.

라. 교과 지식 문제 형식

재외국민과 외국인 특별전형의 경우, 인성 및 기초소양에 관한 면접 외에도 고교 교육과정 수준에서 지식 수준을 질의하거나 필답 고사를 진행하는 경우가 많습니다.

이 경우에도 질문 문항이 고교 교육과정을 넘지 않도록 하고 있으며, 주로 대학수학능력시험 모의고사, 전국연합학력평가, 교과서 등을 활용하여 출제되고 있습니다.

〈교과 지식 문제 사례〉 2024년 인하대 재외국민 특별전형 의예과 면접

〈일반영역〉
우리 사회에 존재하는 다양한 사회적 갈등(이념, 문화, 세대, 빈부, 노사. 지역, 성별, 계층 등) 중 가장 큰 문제는 무엇이라고 생각하나요? 그러한 갈등의 원인과 사회에 미치는 긍정적, 부정적 영향을 설명하고 구체적인 해결 방법을 제안해주세요.

〈전공영역〉
우리가 섭취한 음식물로부터 흡수된 포도당과 같은 유기물에 저장된 에너지는 세포 호흡을 통해 생명 활동에 이용될 수 있습니다. 세포 호흡의 과정에 대해 간략히 설명하세요. 의사 사회에서 자신보다 위계상 높은 사람이 직업윤리에 어긋난 일을 요구한다면 어떻게 대처하시겠습니까? 그 과정에서 발생할 수 있는 불이익에 대해 어떻게 생각하십니까?
세포는 생명 유지를 위한 가장 기본적인 단위이며, 세포의 반복되는 생장과 분열 과정을 세포 주기라고 합니다. 세포 주기에 대해 구분하고, 각 시기에 일어나는 현상에 대해 간략히 설명하세요.

주의할 것은, 재외국민과 외국인 특별전형의 면접에서도 단순 교과 지식 수준을 측정하는 면접을 지양하는 흐름이 있다는 점입니다. 지원하는 대학의 면접 경향을 각 대학 입학처 등을 통해 미리 확인해서 준비를 해야 합니다.

면접 유형 II - 면접의 비중에 따라

가. 면접 점수가 성적의 일정 비율로 포함되는 경우

대부분의 교과 및 학종전형의 면접과 일부 정시전형의 면접에서, 면접 점수는 전체 성적의 일정 비율로 책정됩니다.

학종전형의 경우 면접 비중이 20~50%, 교과전형 10~30% 수준입니다. 정시에 면접 점수를 반영하는 경우에는 5~10% 수준입니다.

재외국민과 외국인 특별전형에서는 면접에서 교과 지식 수준을 함께 측정하기도 하는데, 면접 비중이 30~80%로 비교적 큰 편입니다.

나. 면접을 합격/불합격 판단의 기준으로 삼는 경우

정시전형에 면접이 포함된 많은 대학과, 가톨릭대학교의 학생부교과전형에서는 면접 결과를 성적에 반영하지 않고 합격/불합격의 최종 기준으로 삼습니다. 면접으로 결격 여부를 판단하겠다는 취지입니다. 따라서 인성 및 기초 소양을 묻는 면접이 대부분이며, 형식은 제시문 기반, 모의상황 면접 등 다양합니다. 면접 결과가 전체 성적에 비율로 반영되지 않고 단순히 결격자만 가려낸다고 해서, 면접이 간단하다고 오해해서는 안 됩니다. 합격/불합격을 판단하는 면접도 심층적인 질문이 이어지는 경우가 많으므로, 준비를 소홀히 해서는 절대 안 됩니다.

2025학년 대학별 의대입시 면접 내용 엿보기

이번에는 2025학년 의대입시, 각 대학별 면접에 대해서 정리해보겠습니다.

수험생들은 무엇보다 내가 희망하는 대학의 전형에 면접이 시행되는지, 시행되면 어떤 형태로 치러지는지, 특징이 무엇인지 알아두고 평소에 대비하는 것이 중요합니다. 예를 들어 울산대의 경우 면접 제시문에 영어가 활용될 수 있다고 밝히고 있습니다. 이런 내용을 미리 숙지한 사람과 그렇지 않은 사람은 차이가 날 수밖에 없습니다.

면접은 지원자의 인성과 소양, 진로에 대한 열망, 직업관 등이 드러나는 시험입니다. 단기간에 대비가 되지 않습니다. 면접을 목전에 두고 각 대학에 맞춰 부랴부랴 연습하는 것이 아니라 평소의 생활 속에서 준비를 해두는 것이 중요한 이유가 여기에 있습니다.

교육부에서는 대학 입시의 면접이 수험생에게 선행학습을 유발하는 부담을 주지 않도록 가이드라인을 제시하고 있습니다. 각 대학에서는 이에 맞춰 면접 시행에 대한 『선행학습평가 결과 보고서』를 공개하고 있습니다. 이 보고서에서는 면접 내용과 취지, 향후 개선 내용, 대학에 따라서는 모범 답안까지 확인할 수 있습니다. 수험생들은 이 보고서와 함께 대학 입학처의 면접 관련 공지문을 반드시 찾아보시기 바랍니다.

여기에서는 2025년에 면접을 시행하는 대학별 전형 종류와 면접의 특징, 기출 문제에 대해 중요한 사항을 간추려 보았습니다. (* 변동사항이 있을 수 있으니 반드시 원본을 찾아보시기 바랍니다.)

경상국립대학교

■ 학생부종합

- 2025년 면접 시행 전형명(반영 비율) : 일반(20), 지역인재(20), 기초생활(20), 농어촌학(20)
- 기출 면접 특징 및 내용
  - 학교생활기록부 기반 확인 면접으로 다수 정성평가
  - 학교생활기록부를 중심으로 전공적합성, 진로역량, 발전가능성, 인성을 종합적으로 평가하며 학교생활에 충실한 잠재적 성장가능성을 지닌 학생 선발하기 위한 확인 면접임
  - 지원동기와 지원을 위한 노력, 동아리활동 등에 대한 문항으로 제출서류를 활용한 면접으로 운영

제주대학교

면접 없음

울산대학교

■ 학생부교과

- 2025년 면접 시행 전형명(반영 비율) : 지역교과(20)
- 기출 면접 특징 및 내용
  - 다대일 다면평가, 1인 15분 내외 시행
  - 의학을 전공하는 데 필요한 자질, 인성과 적성을 평가
  - 다양한 상황을 제시하며, 관련 제시문에 영어가 활용될 수 있음

■ 학생부종합

- 2025년 면접 시행 전형명(반영 비율) : 잠재역량(50), 지역인재(50), 지역인재(기초생활/차상위)(50)
- 기출 면접 특징 및 내용
  - 다대일 다면평가, 30분 내외 시행
  - 의학을 전공하는 데 필요한 적성 및 인성을 평가하며, 제시문에 영어가 활용될 수 있음
  - 다양한 상황 제시 및 제출서류 기반 면접을 복수의 면접실에서 진행함
  - 상황 숙지를 위한 시간을 별도로 부여할 수 있음

■ 정시
- 2025년 면접 시행 전형명(반영 비율) : 수능(합불)
- 기출 면접 특징 및 내용

  - 인성 가치관, 사고력 및 의사소통능력, 전공적합성 평가

  - 전체성적에 합산되지 않으며 결격 여부 판단 기준

  - 30분 내외 시행

  - 면접 관련 제시문에 영어 활용될 수 있음

인제대학교

■ 학생부교과
- 2025년 면접 시행 전형(반영 비율) : 지역인재Ⅰ(20), 지역인재 기초생활자(20), 의예약학(20), 기초생활수급자(20)
- 기출 면접 특징 및 내용

  - 인성 및 기초 소양

  - 질의 예시 : 사례 제시 후 질문, 참여한 공동작업 중 노력했던 경험

■ 정시
- 2025년 면접 시행 전형명(반영 비율) : 수능(합불), 지역인재(합불)
- 기출 면접 특징 및 내용 : 결격여부 판정기준으로 활용, 인성 및 기초소양 판단

■ 재외국민 의예과 전형
- 기출 면접 특징 및 내용 : 지성관련 면접을 진행하여 문항이 고교 교육과정을 넘지 않도록 함. 향후는 면접 방향이 바뀔 수 있으므로 대학 공지 참조

부산대학교

■ 학생부종합
- 2025년 면접 시행 전형명(반영 비율) : 지역인재(20)
- 기출 면접 특징 및 내용 : 전염병과 백신 관련한 사례를 제시 후 감염병 관리 등 공중보건 위기상황에서 국가의 역할, 개인 의료 선택권의 제한 등 관련 질의

동아대학교

■ **학생부종합**

- 2025년 면접 시행 전형명(반영 비율) : 잠재능력우수자(40), 지역인재종합(40)
- 기출 면접 특징 및 내용
  - 지원자 1명을 입학사정관 2명 이상이 평가
  - 인성면접, 교과지식과 무관(학교생활기록부 기재 내용을 바탕으로 질의응답을 통해 평가함)
  - 1인의 지원자를 대상으로 입학사정관 2인이 평가
  - 블라인드 면접 실시 : 지원자 성명, 출신고교 블라인드 처리, 수험번호 가번호 처리
  - 평가내용 : 학업역량, 진로역량, 공동체역량

고신대학교

■ **학생부교과**

- 2025년 면접 시행 전형명(반영 비율) : 일반고(10), 지역인재(10), 지역인재기회균등(10), 농어촌(10)
- 기출 면접 특징 및 내용
  - 인성 및 공동체의식, 전공적합성, 의사소통능력을 평가하며, 고교 교육과정 범위와 수준 내에서 제시문 및 문항으로 면접
  - 일반고, 지역인재 : 1인 지원자의 제출된 면접 영상을 면접관 2인이 참여하여 다수평가
  - 농어촌 : 1인 지원자를 대상으로 면접관 2인이 참여하여 다수평가
  - 의예과 면접고사 영어 지문의 경우, 매년 같은 방식으로 진행되어 수험생이 대비 용이
  - 면접내용 : 프로포폴 부정사용 동료에 대한 윤리적 대응, 불이익을 감수하고 이타적인 행동한 경험, 세마글루타이드 피하주사제에 대한 영문 임상시험 결과(표 포함)

동국대학교 WISE

■ **학생부종합**

- 2025년 면접 시행 전형명(반영 비율) : 참사람(30), 지역인재종합(30), 지역인재(경북-종합)(30)
- 기출 면접 특징 및 내용
  - 학생부종합전형 확인면접으로, 학교생활기록부 서류평가 기반 확인 면접
  - 평가항목 예시 : 과목 성취도 낮은 데 기울인 노력, 전공과 관련성. 탐구과정과 활동이 진로설정에 어떤 영향을 주었는지, 동아리 활동 내용과 역할, 공동의 과업을 해결하기 위한 노력과 결과 및 본인의 역할

■ 재외국민과 외국인

- 면접 시행 전형명(반영 비율) : 재외국민(30), 외국인(30)
- 면접 특징 및 내용 : 인성 면접으로 학교생활기록부(및 대체서식) 기반 인성 면접

영남대학교

■ 학생부교과

- 2025년 면접 시행 전형명(반영 비율) : 의학창의인재(30)
- 기출 면접 특징 및 내용
  - 면접 평가 영역은 인성, 창의성, 전공적합성 등을 종합적으로 평가할 수 있는 의예과에 대한 기본적인 전공적합성 영역과 의학도로서 필요한 인성 영역을 평가함
  - 수험생 1인이 입실하여 주어진 면접문항을 읽고 면접위원 2인의 질문에 구술고사로 응시함
  - 면접문항은 인성, 창의성, 전공적합성 등을 종합적으로 평가할 수 있는 기본적인 전공적합성 영역과 의학도로서 필요한 인성 영역을 평가하는 것으로 구성됨
  - 블라인드 면접 시행에 따라 수험생의 이름, 소속 고교를 일체 노출하지 않으며, 수험번호 대신 별도로 부여되는 가번호에 따라 면접고사가 진행됨
  - 학교생활기록부, 자기소개서 등 수험생을 알 수 있는 서류도 일체 제공하지 않음
  - 면접문항 : (전공적합성) 의대 정원 확대 장단점, 필수 의료분야 인력부족 해결방안, (인성) 도안과 차이가 나는 물건 납품에 대한 입장, 용궁에서 자신의 똥을 명약이라고 속이고 도망친 토끼의 행동에 대한 정당성

대구가톨릭대학교

■ 학생부교과

- 2025년 면접 시행 전형명(반영 비율) : 교과(20), 지역기회균형(20)
- 기출 면접 특징 및 내용
  - MMI 면접
  - 제시문 : 인성1 공중 시설의 안전문제에 관한 제시문, 인성2 우울증 환자에 대한 '의료조력 사망' 관련 제시문, 인성3 외국인 눈엔 혐오스러울 수 있는 세계 전통음식 사진 제시문

■ 학생부종합

- 2025년 면접 시행 전형명(반영 비율) : 지역종합(20)
- 기출 면접 특징 및 내용
  - 면접평가 세부 평가기준은 다음과 같음
  - 학교생활기록부 및 인성을 중심으로 10분 내외의 일반 면접
  - 입학사정관 2인, 수험생 1인의 2대1 면접 → 서류평가(1단계)에 참여한 위촉사정관 1명이 면접에 참여하여 서류평가와의 연계성 및 공정성 제고
  - 인성, 창의성(사고력, 미래지향성), 공동체성, 이해력과 자기표현능력

■ 재외국민전형 : 의예과 전형에서 필답고사 시행, 교과과정 준수

계명대학교

■ 학생부교과

- 2025년 면접 시행 전형명(반영 비율) : 일반(20), 지역(20), 지역기회균형(20), 면접(20)
- 기출 면접 특징 및 내용
  - 다중인·적성 평가 문항
  - 가. 상황영역(반려동물 증가 표 해석과 이유, 야생 늑대 개 진화 과정 관련), 나. 모의상황영역(기후변화 관련 기사와 논문 관련), 다. 인성영역(chatGPT와 윤리, 의료 기술의 AI 활용 관련)

■ 학생부종합

- 2025년 면접 시행 전형명(반영 비율) : 일반(20), 지역(20)
- 기출 면접 특징 및 내용 : 지원자를 정성·종합평가하기 위한 질문. 전공에 대한 흥미롭게 느낀 점과 10년 후 모습

경북대학교

■ 학생부종합

- 2025년 면접 시행 전형명(반영 비율) : 지역인재(20)
- 기출 면접 특징 및 내용 : 수험생 개인별로 다음과 같이 10분 내외로 진행하며 평가기준에 따라 종합적으로 평가함

■ 정시

• 2025년 면접 시행 전형명(반영 비율) : 일반(합불)

• 기출 면접 특징 및 내용

- 의학을 전공하는 데 필요한 자질, 적성과 인성을 평가하며 제시문에 영어가 활용될 수 있음

- 고사실(1~3개)당 10분 내외로 복수의 평가위원이 개별적 평가를 시행함(상황 숙지를 위한 시간을 별도로 부여할 수 있음)

- 합·불합격 자료로만 활용하고 전형 총점에는 포함되지 않으며, 미응시한 자는 불합격 처리함

- 2024년 기출 문제 : 단순 교과 관련 지식 측정을 위한 문제 출제는 없었고, 상황/제시문 기반 면접으로 진행되었고, 수험생 1인당 3개의 면접고사장에서 면접을 진행. 난독증을 앓는 친구 제시문으로, 공감영역과, 갈등에 대한 합리적이고 적절한 상상에 기초한 해결 능력 평가

조선대학교

■ 학생부종합

• 2025년 면접 시행 전형명(반영 비율) : 면접(30)

• 기출 면접 특징 및 내용

- 학교생활기록부에 기재된 내용을 기초로 하여 인성 및 가치관, 전공 및 적성 영역에 대한 학업열의 등에 대해 질문하고 수험생이 답변하는 방식 → 고등학교 교육과정 준수

- 학교생활기록부에 기재된 내용을 기초로 하여 인성 및 가치관, 전공 및 적성 영역에 대한 학업열의 등에 대해 질문하고 수험생이 답변하는 방식

- 평가 항목 인성 및 가치관, 지원동기, 전공(계열) 및 적성 영역에 대한 학업열의

- 인공지능 의사 활용에 관한 수용가능 범위와 장점 및 의사의 경쟁력 확보 방안

전남대학교

■ 학생부종합

• 2025년 면접 시행 전형명(반영 비율) : 고교생활우수자 I (30)

• 기출 면접 특징 및 내용

- 교과지식을 측정하는 면접이 아닌 학교생활기록부를 토대로 지원자의 역량(학업 수행역량, 인성역량)을 확인

- 면접문항이 활동 내용의 진위 여부 등을 확인하고 고교 교육과정을 정상적으로 이수했다면 충분히 답할 수 있는 내용으로 구성

전북대학교

■ **학생부종합**

- 2025년 면접 시행 전형명(반영 비율) : 큰사람(30)

- 기출 면접 특징 및 내용

  - 지원자 1인에 대해 3인의 면접위원이 1단계 서류내용을 바탕으로 평가 기준에 의거하여 약 10분 내외로 평가

  - 교과지식과 관련 없는 제출서류(학생부 등) 기재 사항 확인 방식

  - 면접활용문항 예시 : 지원학과 설명, 학과 생활에서 가장 필요한 역량은? 고교 선택 과목 중 가장 큰 도움이 된 과목, 공동생활 시 본인만의 특장점, 타인과 소통이 잘된 경험, 고교생활 중 프로젝트 수행 시 역할

원광대학교

■ **학생부종합**

- 2025년 면접 시행 전형명(반영 비율) : 학생부종합(30), 지역인재(30), 지역인재 II (30), 지역인재 II (호남권)(30), 기회균형 II (30), 농어촌학생(30)

- 기출 면접 특징 및 내용

  - 지원자가 제출한 학교생활기록부를 기반으로 확인면접을 실시함

  - 질문 예시 : 의사에게 필요한 역량에 대해서 두 가지 정도를 말해본다면 무엇이 있을까요? 줄기세포에 관해 급우들에게 설명한 내용과 느낀 점은 무엇인가요? 의료불평등을 해결할 수 있는 방안이 있다면 어떠한 것들이 있을까요?

순천향대학교

면접 없음

단국대학교

■ **학생부종합**

- 2025년 면접 시행 전형명(반영 비율) : DKU인재(30), 농어촌학생(30)

- 기출 면접 특징 및 내용 : 학교생활기록부를 통하여 진로역량(진로의지), 발전가능성(목표의식), 공동체역량(공동체의식, 소통능력)에 관해 평가. 「학교폭력예방 및 대책에 관한 법률」 제17조제1항~ 9항에 따른 학교폭력 조치사항이 기재된 경우 '공동체역량'에 반영함

충남대학교

■ 학생부종합
- 2025년 면접 시행 전형명(반영 비율) : 학생부종합Ⅰ 일반(33.3), 학생부종합Ⅱ 지역인재의예과(33.3), 학생부종합Ⅲ 고른기회전형 농어촌(33.3), 학생부종합Ⅲ 고른기회전형 저소득학생(33.3)
- 기출 면접 특징 및 내용
  - 교과지식과 관련이 없는 인성면접 및 제출서류(학교생활기록부, 학교생활 기록부 대체 서식) 기재사항을 확인하는 방식으로 진행됨
  - 면접문항 예시 : 지원동기와 희망 진로, 지원하기 위해 가장 노력한 활동, 생기부 활동 중 기억에 남는 일, 의예과 관련한 도서, 의예과 이해를 높이기 위한 노력, 생기부 기재 활동 내용 확인

을지대학교

■ 학생부교과
- 2025년 면접 시행 전형명(반영 비율) : 지역균형(5), 지역의료인재전형(5), 기회균형Ⅱ(5), 기회균형Ⅰ(5), 농어촌학생(5)
- 기출 면접 특징 및 내용
  - 의과대학은 인성면접 시행
  - 평가위원 2인, 수험생 1인(다대일 면접, 1인당 10~15분)
  - 제시문 : 통합교육에 대한 찬반 어느 의견을 말하고 반대의견을 가진 면접관을 설득(인성), 같은 소음을 이용하여 소음 공해를 줄이는 물리적 현상과 지폐 인쇄의 색깔이 각도에 따라 달라 보이는 현상의 공통점과 차이점, 달걀 껍데기 두께 변화를 탄산칼슘 관련 설명, DNA 관련(적성)

■ 재외국민과 외국인(2% 제한)
- 2025년 면접 시행 전형명(반영 비율) : 재외국민과 외국인 2% 제한(80)

- 기출 면접 특징 및 내용
  - 인성 및 사회성, 의사소통 및 언어표현능력, 과학적 지식, 면접태도, 문제파악 및 해결능력 등을 심층면접
  - 면접방법으로는 심층면접(인성+적성)으로 진행하며 출제과목은 생명과학 Ⅰ·Ⅱ, 물리 Ⅰ·Ⅱ, 화학 Ⅰ·Ⅱ 중
  - 평가위원 3인, 수험생 1인(다대일 면접, 1인당 10~15분)
  - 제시문 : 조별 수업의 조원과 관계, 자살하려는 친구 문제 등

건양대학교

■ **학생부교과**

- 2025년 면접 시행 전형명(반영 비율) : 일반학생(최저)(20), 일반학생(면접)(20), 지역인재(최저)(20), 지역인재(20), 지역인재(기초)(20), 농어촌(20)
- 기출 면접 특징 및 내용 : 1개 면접실 기준 2~3명 면접위원이 수험생 1명을 면접함.
  - 면접평가 요소 : 인성, 발전가능성, 전공적합성
  - 전공적합성 문항은 국어, 수학, 영어, 사회, 과학 및 기타 교과에 해당하는 과목 중 고교교육과정에 해당하는 정도의 수준으로 문항을 출제할 수 있음. 학과의 면접 의도 및 취지에 따라 전공에 관한 관심도, 역량 확인을 위한 전공 관련 시사, 일반상식 등 고교교육과정에 해당하지 않는 질문을 출제할 수 있음
  - 인성 문항은 고교교육과정, 학교생활 동안에 사례, 기타 윤리적 문제에 대한 상황에 대한 질문으로 출제할 수 있음
  - 면접준비실에서 면접 준비자료 탐독 및 답변 준비 후 인성, 발전가능성, 전공적합성을 종합평가하는 다수의 면접실을 운영할 계획임
  - 면접문항 : 팔레스타인 둘러싼 중동 갈등에 대해 내가 미 국무부 장관이라면 어떤 결정을 내리겠는가, 알고 있는 의사의 주요 업적과 자신이 생각하는 의사로서 중요 덕목, 의대 지원 동기, 그것을 위해 준비한 내용, 스스로 의사로서의 강점, 보건의료 문제점 제시, 정원확대의 실효성, 인공지능 활용에 대한 찬성 여부, 본인 의견에 반대된 환경인 경우 예상 문제점과 극복 방안, 학생선발인재상에서 의사가 되기 위해 중요한 덕목, 변경 사항이나 본인의 장단점, (그림) 세포호흡, TCA 회로 관련 설명, 응급실 의사로서 응급환자 대응 문제

면접 없음

건국대학교 GLOCAL 캠퍼스

■ 학생부종합

- 2025년 면접 시행 전형명(반영 비율) : Cogito자기추천(30)

- 기출 면접 특징

  - 학교생활기록부 기반, 서류 기반 확인면접 및 전공 학습역량 및 인·적성 면접(별도 출제된 문제에 대한 면접)

  - 면접제시문 : 평등에 대한 절대적 평등, 차별적 대우를 허용하는 문제, 허름한 차림으로 교통사고를 당해 죽음을 맞이한 안토니 가우디의 일화(인성), 공동 프로젝트로 수상을 하였으나 연수 기회에 배제를 되고 대신 팀 활동에 소극적이었던 동료가 선정되었고 자신은 동료평가에서 최저점을 받은 것을 알게 된 상황(발전가능성)

■ 학생부교과

- 2025년 면접 시행 전형명(반영 비율) : 지역인재(30), 지역인재(기초생활 및 차상위)(30), 농어촌(30)

- 기출 면접 특징 : 학교생활기록부 기반, 서류 기반 확인면접 및 전공 학습역량 및 인·적성 면접(별도 출제된 문제에 대한 면접)

  - 면접제시문 : 급한 약속이 있는 상황에서 열려 있는 과학실(출입제한) 문을 어떻게 해야 하는지 상황, 본인의 기말고사 준비와 동아리 활동이 충돌하는 상황(인성), 코로나 검사 상황(대기줄 문제, 단체 의심증상, 고령 내원자)

■ 재외국인과 외국인

- 2025년 면접 시행 전형명(반영 비율) : 재외국인과 외국인(50)

- 기출 면접 특징 : 학교생활기록부 기반, 서류 기반 확인면접 및 전공 학습역량 및 인·적성 면접(별도 출제된 문제에 대한 면접)

  - 면접 제시문 : 과학동아리 활동 중 활동에 불참하는 조원 관계, 혈압의 계절 관련성, (표) 지구표면의 온도, 유병환자 수 관련 데이터

■ 학생부종합

- 2025년 면접 시행 전형명(반영 비율) : 학교생활우수자(30), 지역인재(30), 지역인재(기초수급자 및 차상위)(30), 기회균형농어촌(30)
- 2025년 면접 계획
  - 3개의 면접실(각 평가위원 2명) : 수험생 1명
  - 인성면접, 상황면접, 모의상황면접 각 실별 10분(총 30분)
  - 기출 제시문 : 세계기상기구 기후과학 합동보고서 관련 기후변화 문제점과 부작용 등 문제, 팀 활동 관련 문제, 발달장애 가족의 사회 문제, 주변의 장애인 가족 경험과 봉사 활동 경험, 해결 방안 등, 자신의 장단점, 이를 강화하고 보완하는 노력, 유행하는 탕후루와 보건 문제, 암환자의 치료 부담과 존엄안락사 등의 요구 관련, 이주노동자의 산업재해보상 보험 입원 요구, 노동자와 농장주인의 관계, 임신 때문에 팀 활동 참가가 어려운 동료 문제

■ 정시

- 2025년 면접 시행 전형명(반영 비율) : 일반(10)
- 2025년 면접 계획
  - 2개의 면접실(각 평가위원 2명) : 수험생 1명
  - 인성면접, 상황면접 또는 모의상황면접 각 실별 10분(총 30분)
  - 기출 제시문 : 2024년 기출 제시문 없으나 2025년 의예과 정시 면접은 학생부종합 면접과 유사할 가능성 높음

■ 재외국민 및 외국인

- 2025년 면접 시행 전형명(반영 비율) : 입학정원 2% 이내 재외국민 및 외국인(50)
- 2025년 면접 계획
  - 3개의 면접실(각 평가위원 2명) : 수험생 1명
  - 인성면접, 상황면접, 모의상황면접 각 실별 10분(총 30분)
  - 기출 제시문 : 다양한 배경과 경험을 가진 공동체 내에서의 협업 경험 관련, 효과적인 소통 및 팀원 간 의사소통 문제

■ 학생부교과

- 2025년 면접 시행 전형명(반영 비율) : 교과우수자(20)
- 면접 특징 : 제시문 숙지(20분), 면접(10분), 제시문은 고등학교 교육과정을 정상적으로 이수한 학생이라면 이해할 수 있는 수준의 내용

■ 학생부종합

- 2025년 면접 시행 전형명(반영 비율) : 학교생활우수자(30), 강원인재일반(20), 강원인재한마음(20), 사회통합(20), 기초생활연세한마음(20), 농어촌학생(20)
- 면접 특징
  - 제시문 숙지(20분), 면접(10분), 제시문은 고등학교 교육과정을 정상적으로 이수한 학생이라면 이해할 수 있는 수준의 내용
  - 수시 기출제시문 : 의학적 인성을 평가하는 면접 문제는 생명윤리원칙, 연명치료중단, 안락사, 치료거부, 의사 직업윤리와 원주의과대학 선발인재상, 의사 증원 등과 관련한 제시문을 자료로 주고, 이를 둘러싼 갈등 상황에 대한 응시자의 관점과 가치관, 그리고 기본적인 의료윤리를 파악하기 위해 출제됨. 주어진 제시문들은, 고등학교 생활과 윤리, 생명과학 교과서 및 이와 연관된 신문 기사 등에서 선택된 것으로, 고등학교 교육과정을 정상적으로 이수한 학생이라면 이해할 수 있는 수준의 내용
  - 2024 재외국민 (의예과) 면접 제시문 : 동물 실험, 동물의 권리, 감정 인식 로봇 폐폐, 로봇에게 인간적 위상과 권리를 인정해야 하는 문제 등과 관련한 제시문, 건강보험 재정의 한계, 신약 개발 비용, 신약의 엄청난 치료비, 신약 개발에 들어가는 비용에 대한 보험 혜택을 보다 넓은 대상에게 혜택이 돌아가게끔 하는 게 옳은지에 대한 문제

강원대학교

■ 학생부종합

- 2025년 면접 시행 전형명(반영 비율) : 미래인재Ⅱ(40), 지역인재(40)
- 면접 특징
  - 미래인재전형Ⅱ : 면접관 2인 대 지원자 1인 개별 면접(블라인드 면접), 지원자 1인당 10분 내외, 서류 확인 면접
  - 지역인재전형 : 면접관 2인 대 지원자 1인 개별 면접(블라인드 면접), 대면 의학 인·적성(MMI)면접, 면접 시간은 지원자 1인당 30분 내외(면접실별 제시문 확인 2분, 면접 8분)

인하대학교

■ 학생부종합

- 2025년 면접 시행 전형명(반영 비율) : 인하미래인재(30)
- 면접 특징 : 평가기준에 따라 면접위원이 제출서류(학교생활기록부 등)를 바탕으로 실시. 의사소통역량 영역 및 진로탐구역량영역 점수로 평가

■ 재외국민

- 2025년 면접 시행 전형명(반영 비율) : 재외국민(2%)(40)
- 기출 제시문 : 다양한 사회적 갈등 중 가장 큰 문제와 갈등원인 및 사회에 미치는 영향과 해결방안, 세포 호흡 과정 설명, 상사가 직업윤리에 어긋난 일을 지시할 경우 대처, 세포주기를 구분하고 각 시기에 일 어나는 현상

가톨릭관동대학교

■ 재외국민과 외국인 특별전형

- 2025년 면접 시행 전형명(반영 비율) : 재외국민 및 외국인(30)
- 기출 면접 특징
  - 인성영역은 본인 소개와 지원동기 학업, 계획 등에 대한 간단한 질문
  - 재외국민 특별전형 의예과만 실시하는 집단토론 제시문 : 원격의료 전면 시행에는 반대의견도 존재 함. 전면 도입의 찬성 및 반대 이유와 정책의 목적인 국민건강향상을 위한 찬반 토론, 합의된 정책 부 작용을 줄일 수 있는 제언
  - 참고로 2024년은 수시전형에서도 온라인 면접 실시하였고, 의예과의 경우 지원동기, 학교 활동 중 경 험, 자신이나 친구의 어려운 상황 극복한 경험, 단체로 해결해낸 경험, 타인을 도운 경험 등을 질의함

가천대학교

■ 학생부종합

- 2025년 면접 시행 전형명(반영 비율) : 가천의약학(50), 기회균형(50), 농어촌종합(50)
- 기출 면접 특징 : 학교생활기록부에 기록된 내용을 바탕으로 질문(기재된 학교 활동, 타인이나 공동체 를 위한 활동의 구체적 내용과 생각, 세부능력과 특기사항에 기록된 수업에서의 활동의 내용과 탐구과 정 관련 내용의 이해도, 체험활동에 기록된 구체적 내용, 기재된 교사의 평가에 대한 지원자의 생각)

■ 재외국민

- 2025년 면접 시행 전형명(반영 비율) : 재외국민(50)

아주대학교

■ 학생부종합

- 2025년 면접 시행 전형명(반영 비율) : ACE전형(30)
- 2025년 면접 계획
  - 면접위원 2인 이상, 수험생 1명. 블라인드 면접
  - 지원자당 서류 기반 면접 시간 10분 진행 후, 윤리의식 등 인성을 확인하기 위해 제시문 면접 추가 진행(총 20분 내외) 서류 기반 면접은 학업, 진로, 공동체 역량 평가, 제시문 면접은 인성, 가치관 평가
  - 2024년 ACE전형 면접 제시문 : 승리를 목전에 두고 우리 반 에이스 선수가 부상을 당했을 때, 교체 여부 판단 갈등 상황

■ 정시

- 2025년 면접 시행 전형명(반영 비율) : 일반(5), 농어촌(5)

■ 재외국민

- 2025년 면접 시행 전형명(반영 비율) : 재외국민(3년)(40)
- 2025년 면접 계획
  - 중·고교 성적 추가제출 서류 등을 참고자료로 활용하며, 과학 기술 관련 서술형 제시문에 대한 논리적 해석능력과 과학적 사고력 측정, 우리말 지문으로 요지 파악 능력과 답변의 간결성, 의사소통 능력 측정
  - 면접시간 20분(교사실당 10분씩 2개 고사실) 내외, 각 고사실별 면접위원 2명~3명이 1명의 수험생을 평가, 수험생은 주제별 고사실(인성+서류, 지성) 총 2개의 면접 진행, 지성 및 인성에서는 제시문이 주어지며, 5~10분 정도 사전 준비 시간 제공, 지성 면접은 생명과학 I , II 기반 제시문
  - 2024년 진행된 재외국민 전형의 의학과 제시문 1 : 세포 호흡의 산화적 인산화 과정, ATP 생성 과정, 푸두달 분해 과정 및 ATP 생성과정, 호흡과 발효의 치이짐
  - 2024년 재외국민 전형 제시문 2 : 소변 검출 항생제를 쓰는데 선배 전공의와 의견 차이가 나는 상황

■ 학생부종합

- 2025년 면접 시행 전형명(반영 비율) : 탐구형(30)
- 2025년 면접 계획

  - 블라인드 면접

  - 기출 제시문 : 부상으로 퇴원이 늦었는데 학교에 가니 중간고사 공부를 하려고 꾀병으로 학교에 나오지 않았다는 소문이 퍼진 상황이라면 어떤 기분이 들지에 대한 질문, 제시간에 오지 않은 친구를 대신해 요양원 봉사를 하다가 실수로 노인이 쓰러진 상황에서 지수의 행동에 대한 질문, 스마트 변기에 대한 생각과 제시된 신기술(플렉서블 배터리, XR, AI)로 스마트 마스크를 만드는 아이디어 질문

■ 정시

- 2025년 면접 시행 전형명(반영 비율) : 일반(합불)

  - 기출 제시문 : 인적성 면접으로 '통합교육을 받는 반에서 지적장애 친구가 소란으로 방해가 될 때 반장이라면 어떻게 할까'라는 질문(통합교육, 완전통합교육과 부분통합교육 소개)

■ 재외국민

- 2025년 면접 시행 전형명(반영 비율) : 재외국민(3년)(30)
- 2025년 면접 계획

  - 인성 및 적성 평가

  - 기출 제시문 : 공감과 연민에 대한 사전적 정의와, 공감이 도덕성과 상출될 수 있다는 폴 블룸 교수의 강연 내용, 공감 대신 연민을 강조하는 뤼트허르 브레흐만의 의견에 대한 설명 등의 제시문, 과잉 공감과 관련한 학자들의 의견을 소개하고 우리 사회의 갈등에서 이러한 측면에 대한 내용의 제시문

한양대학교

면접 없음

■ **학생부종합**

- 2025년 면접 시행 전형명(반영 비율) : CAU탐구형인재(30)
- 2025년 면접 계획
  - 제시문 없음. 학교생활기록부를 기반으로 개인별 면접 질문, 단순한 학업 지식을 묻기보다는 학습 과정을 통해 충분히 원리를 이해하고 체득했는지 질문
  - 전공(계열) 관련 심화된 경험이나 지식보다는 고등학교 수준에서의 관심과 탐구 능력을 확인하고, 질문에 대한 답변의 논리적 전개 능력 및 문제해결능력을 확인
  - 평가항목 : 학업준비도, 전공 적합성, 의사소통능력 및 인성

■ **재외국민**

- 2025년 면접 시행 전형명(반영 비율) : 중고교과정해외이수자(40)
- 2025년 면접 계획
  - 전공적합성과 기초학력을 종합평가
  - 화학, 생명과학 교과 통합형으로 출제하여, 전공 분야 학습에 필요한 전공 기초 소양을 평가함
  - 단답형의 답변보다 풀이 과정을 중요하게 평가하여, 주어진 문제를 이해하고 구술로 답변하는 과정에서 논리적 표현력과 의사소통능력 등을 평가함
  - 평가항목 : 문제 이해도 및 논리적 표현력, 전공 기초 소양, 의사소통능력
  - 기출 제시문 : 과산화수소의 특성과 피부에 발랐을 때의 화학 반응, 화학 반응식 정의, 과산화수소 이온화평형 설명, 과산화수소 분해를 확인하는 실험 설계를 제시하고 효소의 작용(효소 기질 복합체 형성 반응) 효소 구조의 온도와 pH 변화에 대한 이해, 수소 이온의 변화를 통한 pH 조절에 대한 질문

이화여자대학교

면접 없음

연세대학교

■ 학생부종합

• 2025년 면접 시행 전형명(반영 비율) : 활동우수형(40), 기회균형(40)

• 2025년 면접 계획

- 활동우수형 : 제시문 기반 인적성 면접

- 기회균형 : 제시문 기반 논리적 사고력 및 의사소통 능력

■ 정시

• 2025년 면접 시행 전형명(반영 비율) : 일반(10), 고른기회(연세한마음)(10), 고른기회(농어촌)(10)

• 2025년 면접 계획

- 제시문 기반 인적성 면접.

- 기출 정시 제시문 : 전기 음성도 주기적 변화와 핵전화, 원자 반지름의 주기성, 물방울의 표면장력의 분자 상호 작용. 붉은빵곰팡이 성장, 체외 유전자 치료

- 참고 : 2025년은 제시문 기반 학업역량에서 제시문 기반 인적성 면접으로 바뀜. 따라서 기출 제시문과는 다른 성격의 제시문이 출제될 가능성 높으므로, 대학 입학처를 통해 면접 관련 공지 참조해야 함

서울대학교

■ 학생부종합

• 2025년 면접 시행 전형명(반영 비율) : 지역균형(30), 일반(50), 기회균형특별(사회통합)(30)

• 2025년 면접 계획 : 의학 전공에 필요한 자질과 적성, 인성을 평가함, 상황/제시문 기반 면접과 서류 기반 면접을 복수의 면접실에서 진행(60분 내외) 상황 숙지를 위한 답변 준비 시간을 별도를 줄 수 있음

■ 정시

• 2025년 면접 시행 전형명(반영 비율) : 학생부종합 기회균형특별전형(특수교육대상자·북한이탈주민)(40)

• 2025년 면접 계획

- 인적성 면접

- 수시 및 정시 기출제시문 예시 : 역사 예술작품 실생활 등 다양한 주제의 제시문, 생명윤리와 관련된 제시문, 동일성과 평등에 관한 제시문, 층간소음과 관련된 제시문

■ 학생부종합

• 2025년 면접 시행 전형명(반영 비율) : 계열적합(50), 고른기회전형(50)

• 2025년 면접 계획

　- 상황제시문 기반 면접을 복수의 고사실에서 시행

　- 기출 제시문 1 : 침팬지 심장을 사람에게 이식하는 수술 사례 및 이종 간 이식의 필요성과 이와 관련한 동물권 존중 제시문으로 동물실험과 의학발전 갈등 문제, 이종 이식의 장단점 문제.

　- 기출 제시문 2 : 고통을 호소하며 자살을 원하는 환자에 관한 상황에 대한 의사로서의 선택, 동맥경화에 대한 설명

■ 정시

• 2025년 면접 시행 전형명(반영 비율) : 일반(합불), 교과우수(합불), 농어촌(합불), 사회배려형(합불)

• 2025년 면접 계획

　- 의학을 전공하는 데 필요한 적성과 인성을 평가하며 배점이 없음

　- 기출 제시문 : 건강보험 연령대별 납입액과 진료비 지출 그래프 제시 후 그래프 해석과 보험의 구조에 대한 판단, 희귀난치성 보험료 지급 제한에 대한 의견

■ 특별전형

• 2025년 면접 시행 전형명(반영 비율) : 재외국민(정원 외 2%)(30)

• 2025년 면접 계획 : 제시문 기반 면접

경희대학교

■ 학생부종합

• 2025년 면접 시행 전형명(반영 비율) : 네오르네상스(30)

• 2025년 면접 계획 : 상황제시문 기반 면접을 복수의 고사실에서 시행

■ 학생부교과

- 2025년 면접 시행 전형명(반영 비율) : 지역균형(합불),
- 2025년 면접 계획 : 인적성 면접 실시 합격/불합격 자료로만 활용

■ 학생부종합

- 2025년 면접 시행 전형명(반영 비율) : 가톨릭지도자추천(30), 학교장추천(30)
- 2025년 면접 계획
  - 제출 서류 확인하는 면접 외 추가 인적성 면접을 실시하여 개인별 20분 내외 평가, 상황 숙지를 위한 별도 시간 부여 가능, 면접권 2인 이상 대 지원자 1인, 블라인드 면접
  - 기출 제시문 : 학생부종합전형 의예과 인적성 추가 질문의 제시문(3분 동안 읽고 8분 이내로 대답) 효율적 이타주의가 AI를 미치는 관점으로 낙관론자와 비관론자 간의 윤리 논쟁 소개, 인공지능의 의료용 기술 사례를 소개한 후 효율적 이타주의의 각 입장 설명, 의료용 인공지능 개발 시 고려해야 할 요소와 기반 기술 설명

■ 재외국민과 외국인 특별전형

- 2025년 면접 시행 전형명(반영 비율) : 재외국민과 외국인(30)
- 기출 면접 특징
  - 제출 서류 작성 내용 확인 및 의사소통능력, 인성 및 가치관, 전공수학 능력
  - 문항 예시 : 전공 선택 동기, 의예과 공부 내용 확인 여부, 동아리 활동, 가치관 형성에 도움을 받은 교사, 동아리 활동 시 갈등했던 경험, 학교생활에서 가장 힘들 일과 친구와 갈등 관련 질문

■ 정시

- 2025년 면접 시행 전형명(반영 비율) : 일반(5)
- 2025년 면접 계획 : 인적성 면접 실시

의대입시 면접 준비 - 면접 유형별 대응 방법

가. 서류 기반 면접 준비 방법

1. 학교생활기록부과 기출 문제를 통해 예상 질문 준비하기

먼저 제출한 서류들을 꼼꼼히 살펴봐야 합니다. 이를 통해 자신의 강점과 면접관이 주목할 만한 항목을 찾아내어 정리합니다. 또한, 학교생활기록부를 바탕으로 의예과 전공과 적합한 질문을 예상해보는 것이 중요합니다.

이때, 의사로서의 자질과 역량, 지원 학교의 인재상을 고려하여 질문을 예측하고, 기출문제 분석을 통해 면접 예상 질문을 준비합니다.

2. 명료하고 논리적인 답변 내용 준비하기

의예과 지원 동기, 의사로서의 직업관과 윤리의식, 이와 관련한 자신의 강점 등을 구체적인 표현할 수 있도록 준비해야 합니다. 동아리 활동 등 고교 생활에서 지원동기와 연관된 경험을 정리합니다. 지원동기나 진로 관련 질문에 대비하기 위해서는 사전에 자신의 진로에 대한 깊이 있는 고민과 가치관 정립이 필요합니다.

너무 단답형이거나 지나치게 긴 답변은 피하는 것이 좋습니다. 일반적으로 서류 제출 기반 면접 시간은 상대적으로 짧은 편입니다. 하지만 답변 시간은 대학의 면접마다 다르므로 각 대학 면접의 기출 문제와 면접 시간 등을 고려해 적절한 답변 길이를 정해야 합니다.

중요한 것은 답변을 준비할 때 1차원적인 답변이 되지 않도록 하는 것입니다. '무엇을 수행한 경험이 있다'(경험), '무엇이라고 생각한다'(견해) 등과 같이 대답을 한 뒤에는 이에 대한 부연 설명을 붙여, 답변을 논리적이고 체계적으로 구성해보세요. 예를 들면,

경험 관련 대답 ⇒ 그러한 경험을 하게된 동기 ⇒ 경험을 통해 깨달은 점, 성장한 경험

견해에 관련한 대답 ⇒ 그 생각을 뒷받침하는 근거 또는 반대 견해에 대한 검토 ⇒ 결론

이러한 흐름으로 답변할 수 있도록 연습해야 합니다. 이럴 때에도 두괄식으로 답변을 구성하는 것이 중요합니다.

또한 서류 기반 답변은 질문에 대한 답변에 대해 다시 꼬리 질문이 이어지는 경우도 많습니다. 따라서 답변을 구성할 때는 이에 대한 꼬리 질문도 염두에 두고 답변을 준비해봐야 합니다. 예를 들면 의예과의 지원 동기에 대해 '의술로 사회에 기여하는 의사가 되려고 한다'는 식의 답변을 하면, 이어서 면접관이 '어떤 식으로 의술로 사회에 기여할 수 있는가?'라고 재차 물어볼 수 있습니다.

피상적으로 외운 답변으로는 꼬리 질문에 당황하고 말 것입니다. 따라서, 평소에 의사관, 윤리, 지원동기에 대해서는 구체적으로 깊게 성찰을 해야 하며, 그럴 때만이 진정성 있는 답변이 가능합니다.

3. 유연하고 침착하게 답변하는 능력 기르기

가장 염두에 둬야 하는 것은 면접관의 관점에서 질문 의도를 정확히 파악하여 답변하는 것입니다. 예상 질문과 답변을 준비한 그대로 외워서 답변을 하면, 질문에 억지로 꿰어맞는 답을 하거나 의도와는 동떨어진 답변을 할 가능성이 많습니다. 그러므로 우선 질문자의 의도를 정확하게 파악하여, 이에 대한 답변을 두괄식으로 제시하고, 부연 설명을 이어가는 것이 효과적입니다.

그렇다고 평소 여러 종류의 예상 질문과 답변을 준비하는 것을 게을리해서는 안 됩니다. 질문자

의 의도에 맞는, 유연한 답변 능력은, 역설적이게도 예상 질의응답을 많이 준비할수록 커집니다. 다양한 내용에 대해 질문과 답변의 티키타카를 연습하면 할수록, 실제 면접 시 예상 질문과 전혀 다른 질문을 받았을 때에도 침착하게 머릿속으로 생각을 정리하여 답변을 할 수 있을 것입니다.

답변을 할 때는 주장에 대한 논리적인 근거를 제시하고, 일관성 있고 명료한 답변을 하는 연습을 길러야 합니다. 특히 서류 기반 면접은 기본적으로 제출한 서류의 내용을 확인하는 취지이 면접입니다. 서류의 내용과 답변의 내용에 일관성이 있어야 하는 것은 기본입니다.

4. 모의면접 연습으로 면접 능력 키우기

모의면접 연습은 실제 면접 상황과 유사한 환경에서 진행하는 것이 좋습니다. 친구나 교사 등에게서 피드백을 받고, 답변 시간을 재어보는 것도 중요합니다. 본인의 모습을 동영상으로 촬영하여 태도, 표정, 말버릇, 문장 구성 습관 등을 본인 눈으로 직접 확인하고 문제점을 고쳐야 합니다.

마지막으로, 면접은 말을 잘하는 능력보다 질문 내용을 정확히 파악하고 답하는 능력을 평가하는 것임을 기억해야 합니다. 자신감 있고 진솔한 태도로 임하는 것이 중요합니다. 체계적인 준비와 성실한 연습을 하면 자신감을 가지고 답변을 할 수 있을 것입니다. 그리고 무엇보다 평소 의사로서의 적성과 자질을 갖추려 노력하는 진정성이 면접에 임하는 가장 큰 무기임을 명심해야 합니다.

나. 제시문 기반 면접 준비 방법

의과대학 입시에서 제시문 기반 면접은 보통 심층면접으로 불리고 있습니다. 수험생의 학업 역량, 논리적 사고력, 문제해결 능력, 인성 등을 종합적으로 평가하는 면접 방식입니다.

1. 대학의 기출 면접 분석부터

먼저, 공개된 대학별 면접 자료를 분석해서, 면접 형식에 대해 감을 잡아보시기 바랍니다. 앞서 말씀드렸다시피 각 대학에서는 선행학습 영향 평가 보고서를 통해 기출 면접 문제와 출제의도를 밝히고 있습니다. 대학이 원하는 인재상이나 면접 경향도 파악할 수 있습니다. 이를 참조하여 적절한 답변길이, 논리적 구성을 갖춘 답안을 만들어보십시오. 이런 과정을 통해 제시문 기반 면접에 익숙해질 필요가 있습니다.

2. 제시문을 이해하는 능력 기르기

제시문 기반 면접은 먼저 제시문을 정확하고 신속하게 이해하는 능력을 기를 필요가 있습니다. 제시된 지문 유형은 시사 관련, 의학 분야, 생명 윤리 분야 등 다양한 주제를 다루고 있으므로, 이에 대한 관심과 이해가 요구됩니다. 또한 의예과의 경우는 과학 관련 지문도 출제됩니다. 실험과 관련한 과학이론을 파악하는 능력, 표나 데이터를 해석하는 능력, 통합적 문제해결 능력 등도 함양해야 합니다. 인성과 관련한 제시문에서는 윤리적 쟁점이나 딜레마 상황을 정확히 인지하는 것이 중요합니다.

3. 제시문을 바탕으로 답변의 내용 만들기

면접과 관련한 대학 공고문을 보면, 제시문 기반 면접은 교과 지식 수준을 측정하는 면접이 아니라, 교육과정 내에서 배운 내용을 바탕으로 본인의 의견을 논리적으로 말하거나, 문제를 해결하는 것에 주안점을 두고 평가하는 면접이라고 밝히고 있습니다. 하지만 실전에서 보면, 고교 과정의 심층적 이해 없이는 답변이 불가능한 제시문이 많습니다. 특히 과학 관련 제시문들은 더 그렇습니다.

답변을 구성할 때는 제시문과 관련성이 있는 학교 교육 내용을 떠올려보는 것이 도움이 됩니다. 평소의 다양한 독서와 가치관의 정립도 중요합니다. 적절한 답변을 구성하기 위해서는 언제나 근거를 들고, 타당한 논거를 활용해야 합니다.

제시문 기반 면접에서도 사고의 전개에 있어 일관성을 유지하는 하는 것과 질문의 핵심에서 벗어나지 않는 것이 중요합니다. 평소 준비해둔 답변을 억지로 끼워맞추려고 하지 마세요. 제시문에 담긴 다양한 관점을 이해하여, 적절한 판단을 갖춘 답변을 구성해야 합니다.

의학계열 면접에서는 시사나 윤리 관련 제시문이 자주 다뤄집니다. 이 경우 제시문은 인간관계에서의 의사소통, 도덕적 딜레마, 인간과 제도, 과학 기술, 윤리 등의 주제를 폭넓게 다루며, 의료사고에 대처하는 자세 등 의료계열 종사자로서의 소양을 확인하는 문제도 출제될 수 있습니다. 이에 대비하기 위해서는 평소 관련 분야의 기사나 도서를 통해 사전 지식을 쌓고, 다양한 딜레마 상황에서 자신의 판단을 정리해 두는 것이 도움이 됩니다. 또한 제시된 윤리적 상황을 다각도로 바라보는 습관, 약자에 대한 공감 능력, 공동체 정신과 개인의 자유에 대한 균형적 사고력을 기르는 습관이 필요합니다.

과학 기사나 논문, 실험 결과 데이터가 제시되는 과학 제시문에 대비하기 위해서는, 평소 교육과정에서 개념을 설명하고 토론하는 습관이 도움이 됩니다. 면접에서는 교과 과정을 넘어서는 문제 출제를 지양하고 있기 때문에, 침착하게 그동안 배운 내용을 제시문에 적용해보는 시도를 해보시기 바랍니다. 물론 이를 위해서는 교과 수업을 통해 내용을 깊이 이해하고 있어야 합니다. 관련 도서를 탐독하는 등 심도 있는 학습 습관도 필요합니다.

4. 답변의 내용을 담는 논리적인 형태의 그릇 갖추기

마지막으로 조리 있고 논리적인 형식으로 답변하는 습관을 길러야 합니다. 제한된 시간 내에 제시문을 읽고 중요 키워드와 자신의 생각을 빠르게 정리하는 연습을 해보세요. 답변 시에는 핵심 요지를 먼저 언급하는 것이 효과적입니다. 알고 있는 내용을 구조화하여 조리 있게 표현하는 방법을 익히고, 모의 면접이나 자가 피드백을 통해 말하기 능력을 향상시켜야 합니다. 이는 단기간에 이뤄지기 어려우므로 평소 꾸준한 연습이 필요합니다.

다. 다중미니면접 준비 방법

1. 다중미니면접의 질문 특징 이해하기

다중미니면접은 짧은 시간 내에 여러 개의 면접실을 돌아다니며 진행되는 면접 방식입니다. 각 면접실에서는 제한된 시간 안에 제시문을 읽고, 문제를 정확히 파악하여 답변해야 합니다. 의대 MMI 면접에서는 수험생의 인성, 의사로서 갖추어야 할 윤리의식, 문제해결능력, 소통능력, 공감능력 등을 주로 평가합니다.

기출 문항을 분석해 보면, 인간관계에서의 의사소통과 주변에서 발생할 수 있는 딜레마 문제가 가장 많이 출제되었습니다. 사회제도와 과학기술의 문제, 윤리와 노동에 관련된 문제도 출제되었습니다. 의사로서의 직업윤리, 가치관의 충돌, 사회적 약자나 소수자에 대한 공감능력, 다문화 사회에 대한 이해, 갈등 상황에서의 소통능력 등과 관련된 문제도 자주 다루어집니다. 따라서 생명을 다루는 의사로서 사회적 문제에 대한 관심과 공감을 표현하는 답변을 구성할 수 있어야 합니다.

2. MMI 면접에 필요한 소양들

다중미니면접 준비를 위해서는 평소 다양한 입장에서 타인을 이해하고 공감할 수 있는 역량을 키우는 것이 중요합니다. 독서와 토론을 일상화하여 사고의 폭을 넓히고, 특히 의료 윤리 분야에 대해 깊이 있게 고민해 보는 것이 도움이 됩니다. 단순히 답변을 외우는 것보다는 다양한 윤리적 입장과 차이를 이해하고, 이를 실제 상황에 적용하여 사고하는 훈련이 필요합니다.

또한, 의료 환경에 대한 이해도를 높이는 것도 중요합니다. 의사라는 직업, 의사와 환자 간의 문제, 의료 시스템, 의료 관련 시사 뉴스 등에 대한 꾸준한 관심을 유지하세요. 이를 바탕으로 자신의 직업관, 인간관, 윤리관 등을 정립해 나가야 합니다.

다중미니면접은 제한된 시간 내에 제시문을 읽고 문제의 핵심을 파악할 수 있어야 합니다. 제시문은 글뿐만 아니라 그림과 같은 다양한 형식으로도 주어질 수 있음을 염두에 두어야 합니다. 다양한 형태의 지문으로 질문 의도를 빠르게 파악해야 합니다.

의사라는 직업은 다양한 윤리적인 선택을 해야 하는 경우가 많습니다. 의사와 환자의 관계, 개인과 공동체의 관계 등에서 다양한 딜레마적 상황을 책이나, 의학 기사, 의학 소재 드라마 등을 통해 접해봐야 합니다. 이런 상황에서는 자신의 선택과 판단뿐만 아니라 입장이 다른 이의 입장까지 고려하여 생각하고 정리하는 습관을 들여야 합니다.

3. MMI 면접 대비를 위한 다섯 가지 핵심 요소

MMI 면접을 준비 방법을 다시 한번 요약하면 다음과 같습니다. 평소에 이 다섯 가지 MMI 면접 대비를 위한 핵심 요소를 명심하고 준비하시기 바랍니다.

첫째, 평소 의료 윤리, 대인관계, 사회 이슈 등 다양한 주제에 대해 깊이 있는 고민을 하고, 독서와 토론을 통해 자신의 생각을 논리적으로 정립하고 설득력 있게 전달하는 능력을 키워야 합니다.

둘째, 면접에서는 단순히 모범답안을 제시하기보다는 주어진 상황과 맥락에 맞는 현실적이고 타당한 답변을 하는 것이 중요합니다. 동시에 다양한 시각과 관점을 고려하여 융통성 있게 사고하는 모습을 보여주어야 합니다.

셋째, 의사는 환자와 보호자의 입장에서 공감하고 원활히 소통할 수 있어야 합니다. 이러한 자질을 갖추었음을 면접에서 구체적인 사례를 들어 효과적으로 어필할 수 있도록 사전에 준비해야 합니다.

넷째, 면접에서 제시되는 상황이나 질문을 정확히 이해하고, 그에 적합한 답변을 논리적으로 구성하는 것이 필수적입니다. 단순 암기보다는 자연스럽고 진솔한 의사소통 능력을 보여줄 수 있도록 반복적인 연습이 필요합니다.

다섯째, 의대 면접은 단순한 지식 평가가 아닌, 지원자의 인성, 가치관, 문제해결능력 등을 총체적으로 평가하는 과정입니다. 따라서 자신이 의사라는 직업을 선택한 근본적인 이유와 삶의 가치관에 대해 깊이 성찰하고, 이를 면접에서 진정성 있게 전달할 수 있어야 합니다.